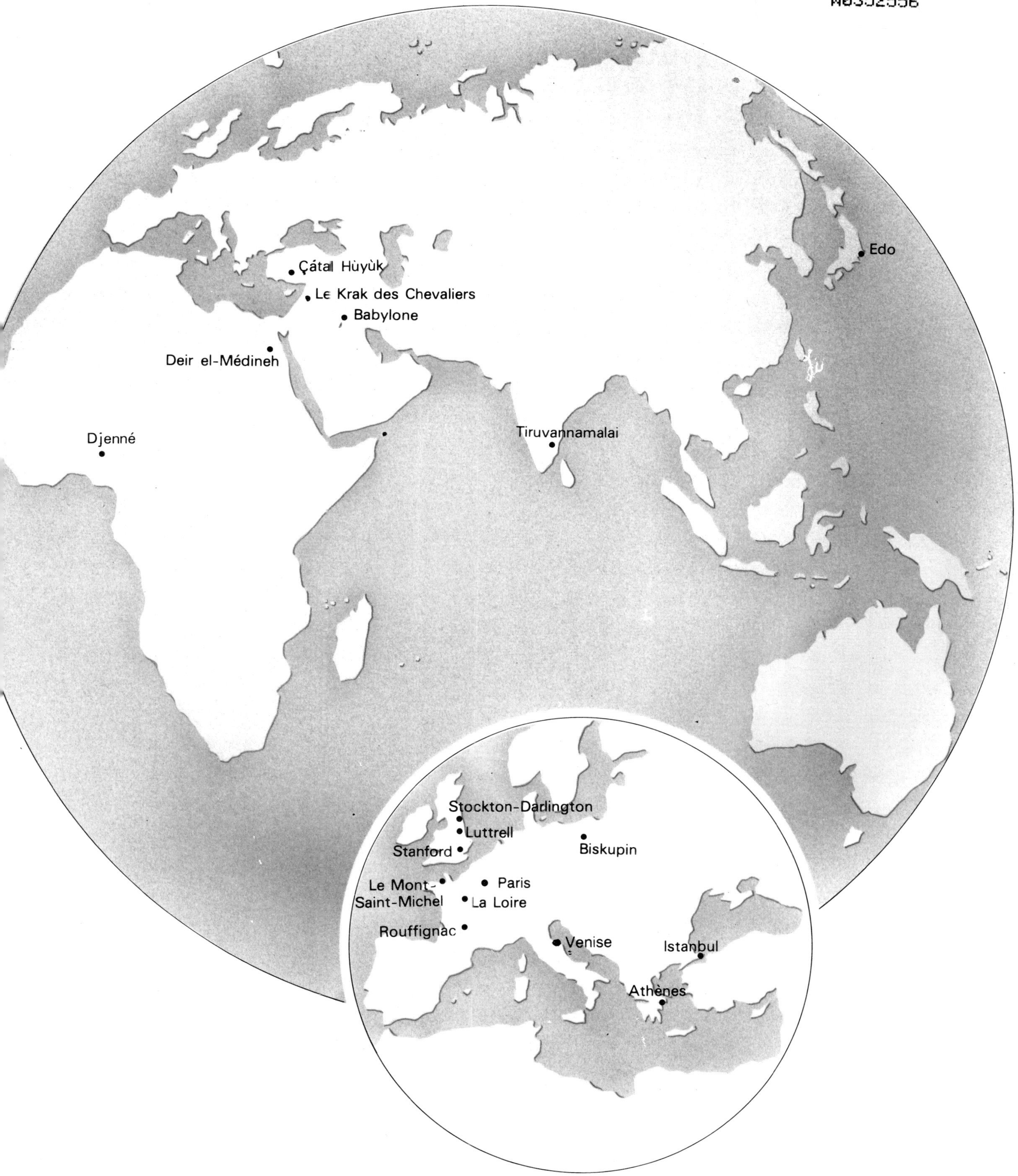

Edo
Çâtal Hùyùk
Le Krak des Chevaliers
Babylone
Deir el-Médineh
Djenné
Tiruvannamalai
Stockton-Darlington
Luttrell
Stanford
Biskupin
Le Mont-Saint-Michel
Paris
La Loire
Rouffignac
Venise
Istanbul
Athènes

Dans la même collection :

Louis-René Nougier et Véronique Ageorges
Un site de chasseurs préhistoriques, Rouffignac

Pierre Crépon et Sophie Dressler
Un village d'agriculteurs en Asie Mineure il y a 8 000 ans, Çatal Hüyük

Viviane Koenig et Michel Jay
Un village d'artisans égyptiens sous Ramsès IV, Deir el-Médineh

Grégoire Soberski
Une cité fortifiée à l'âge du fer, Biskupin

Étienne Morin
Une ville en Mésopotamie sous Nabuchodonosor, Babylone

Georges Grammat
La cité grecque sous Périclès, Athènes

Jean Ollivier et Edouardo Coelho
Une colonie viking au Groenland, Brattahlid

Philippe et Pierre Brochard
Une forteresse au temps des croisades, le Krak des Chevaliers

Sheila Sancha
Un village au Moyen Age, Luttrell

Sheila Sancha
Une cité marchande en Angleterre au XIIIe siècle, Stanford

Philippe Brochard et Marie-Geneviève Froidevaux
Une abbaye pendant la guerre de Cent Ans, le Mont-Saint-Michel

Christine et Giuseppe Del Torre et Maria-Barbara Battiston
La cité des doges au XVe siècle, Venise

Étienne Morin
Une capitale musulmane sous Soliman le Magnifique, Istanbul

Miguel Rojas-Mix et Monica Bunster
L'empire inca et sa capitale avant la conquête espagnole, Cuzco

Michel et Geneviève Huriet et Kazuo Hozumi
Une grande cité de l'ancien Japon, Edo

Jean-François Fayard et Charles Popineau
Au cœur de la Révolution, Paris

Jacques Marseille et Bruno Le Sourd
La première ligne de chemin de fer, Stockton-Darlington

Jacques Poirier
Un fleuve en 1840, la Loire

Françoise Boudignon
Un pèlerinage en Inde du Sud en 1845, Tiruvannamalai

Christiane et Vincent Melacca
Une grande ville-marché de l'Afrique de l'Ouest vers 1860, Djenné

A paraître :

Éric Vibart et Grégoire Soberski
Une île de Polynésie au XVIIIe siècle, Tahiti

un lieu, des hommes, une histoire
Collection dirigée par Martine et Daniel Sassier

LA CITÉ DES DOGES AU XVe SIÈCLE VENISE

CHRISTINE ET GIUSEPPE DEL TORRE
Illustrations de MARIA-BARBARA BATTISTON

ALBIN MICHEL JEUNESSE

22, rue Huyghens, 75014 Paris
Loi 49-956 du 16 juillet 1949
sur les publications destinées à la jeunesse

Dépôt légal mai 1989
N° d'édition 10100
ISBN 2-226-03578-8
Imprimerie Hérissey, Évreux (Eure) - N° 46225

VENISE, LA SÉRÉNISSIME

Les Vénitiens sont aujourd'hui deux fois moins nombreux qu'au XVe siècle. Les jeunes, devant les difficultés de logement et d'emploi, préfèrent aller vivre sur la terre ferme, dans des villes plus pratiques et plus actives.
La cité est toujours belle, à en croire les millions de touristes qui la visitent. Ils viennent du monde entier admirer ses monuments et ses musées. Mais à côté de ces merveilles, le port est déserté, l'industrie et le commerce international ont quitté la lagune. Les activités qui ont fait hier la fortune de Venise exigent aujourd'hui des voies de communication rapides et de vastes espaces à bâtir. Or Venise ne s'adapte pas à ces nécessités : il n'y a pas de voitures, on continue à se déplacer à pied comme les tout premiers habitants et, surtout, on manque de place. Pourtant, personne n'envisagerait d'abattre un édifice, car ils ont presque tous une grande valeur historique.
La ville doit donc désormais vivre de ses ressources culturelles. Son université, ses grandes expositions, ses musées et ses festivals l'animent toute l'année. Cette renommée culturelle ne suffit pourtant pas à lui rendre la vitalité du passé.
Un passé où Venise tenait un grand rôle dans l'économie, la politique et l'ensemble de la civilisation européenne, depuis le début de notre millénaire jusqu'au XVIIIe siècle.
Son origine remonte au VIe siècle; à l'époque, les îles de la lagune sont occupées par quelques pêcheurs. Mais, devant les incursions barbares, des centaines de familles terrifiées s'enfuient de la terre ferme pour se réfugier sur les îlots. C'est le grand bouleversement du Moyen Age : après la chute de l'empire romain d'Occident, l'Italie n'a plus de souverain ni d'unité.
C'est grâce à sa position naturelle, à l'abri des attaques ennemies, que Venise développe ses activités. Avant tout la pêche, la production du sel et le commerce avec les ports voisins. Puis, peu à peu, elle élargit son horizon. Ses bateaux sillonnent toute l'Adriatique et atteignent la Grèce et le Proche-Orient, les fleuves de Russie et tous les ports d'Europe. Les marchands descendent à terre : ils poussent loin vers l'Orient à la recherche d'épices et de précieuses denrées. L'un d'eux, Marco Polo, arrivera jusqu'en Chine au XIIIe siècle.
Venise, son port et son marché deviennent le trait d'union entre les riches empires d'Orient, notamment celui de Byzance, et une Europe encore en retard. Jusqu'au début du XVIe siècle, la ville est pratiquement la plus riche et la plus puissante de notre continent. Sa flotte imposante est connue sur toutes les mers.
Entre le XIIIe et le XVe siècle, Venise conquiert de nombreuses bases commerciales en Adriatique et en Méditerranée, et construit un véritable empire colonial. Plusieurs riches provinces de l'Italie du Nord lui appartiennent au XVe siècle. Avec ce vaste domaine, arraché petit à petit aux princes qui se le disputaient, Venise devient un puissant État, le plus important de la péninsule.
Mais l'horizon s'assombrit. Les armées turques progressent en Méditerranée vers l'Occident. Une fois Constantinople prise en 1453, elles se jettent sur les colonies vénitiennes. La Sérénissime perd alors de précieuses positions.
En Europe aussi, apparaissent des signes inquiétants pour elle : l'Espagne, la France et l'Angleterre sont devenues à leur tour des rivales. Leurs armées menacent les régions de la *terraferma;* et leurs marchands et artisans commencent à faire concurrence au centre de commerce vénitien et à ses manufactures.
Cependant, la fin du XVe siècle nous montre encore Venise dans toute sa splendeur. C'est cette époque que nous avons choisi d'illustrer. Le journal de ses habitants, des voyageurs et des pèlerins qui débarquent au cœur de la ville; les dessins des cartographes et des géographes; les tableaux et fresques de grands peintres comme Bellini, Carpaccio et Giorgione : voilà les documents que nous avons rassemblés pour recréer l'univers vénitien. Ils nous ont aidés à évoquer les meilleures années de cette cité qui cherche aujourd'hui, avec difficulté, le rôle qu'elle peut jouer dans le monde moderne.

Des îles et des canaux

Le long du littoral de la Vénétie s'étend une vaste lagune, peu profonde, séparée de la mer par une étroite bande de sable. Ce n'est pas un lac, car la marée y pénètre par trois passes naturelles. Quand celle-ci se retire, elle découvre les **barene,** les bas-fonds, et aussi les chenaux naturels qui sillonnent l'immense étendue d'eau. Plusieurs fleuves débouchent sur la côte et déversent sable, pierres et autres déchets dans la baie. Les fortes marées se chargent de nettoyer régulièrement les canaux, empêchant la lagune de s'ensabler définitivement.
Ici, le climat est humide et malsain. Le brouillard règne en hiver, les étés sont chauds et étouffants. L'endroit ne semble pouvoir accueillir que les nombreux oiseaux, notamment les canards, qui profitent de la tranquillité des marais et des eaux poissonneuses.

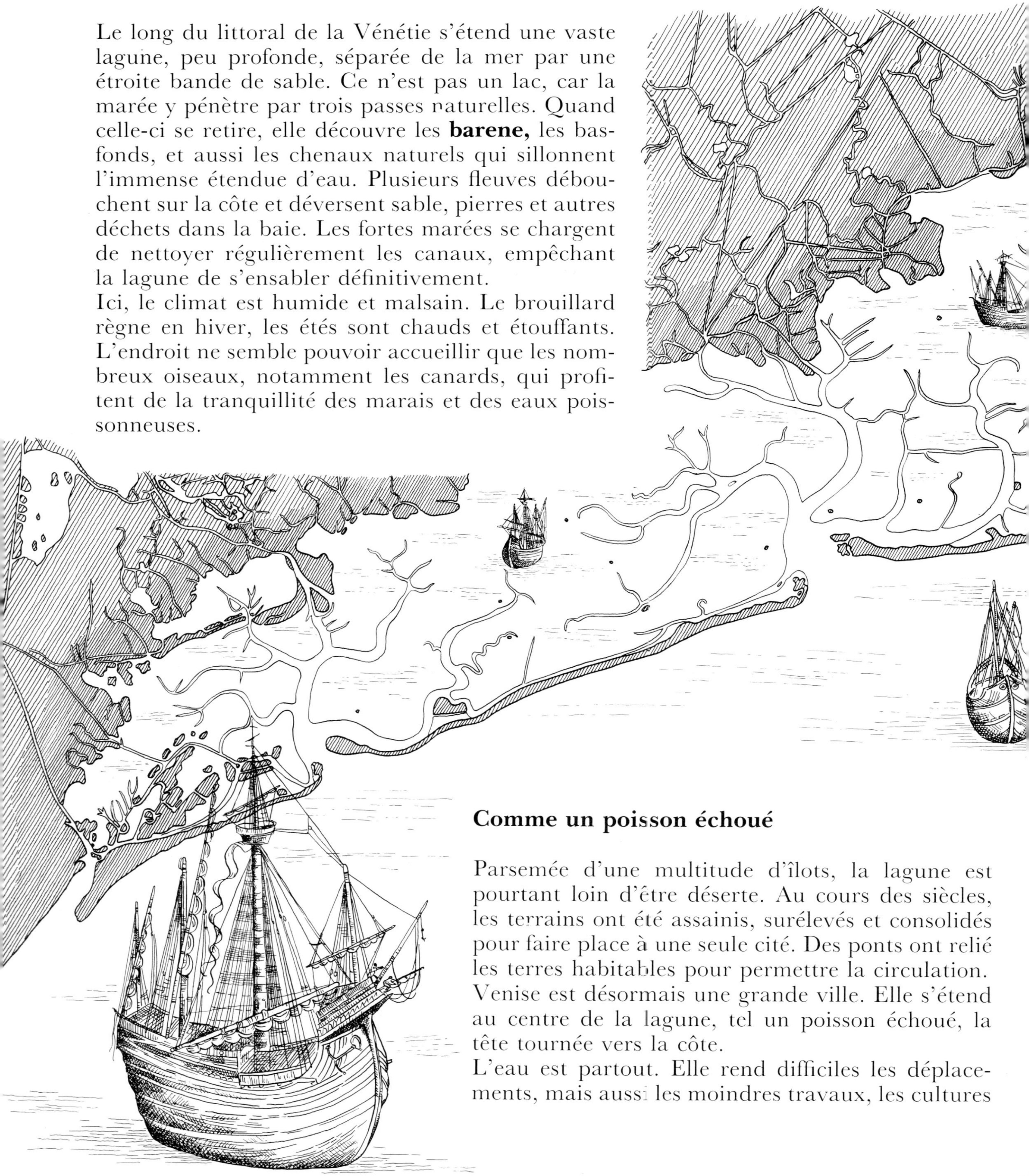

Comme un poisson échoué

Parsemée d'une multitude d'îlots, la lagune est pourtant loin d'être déserte. Au cours des siècles, les terrains ont été assainis, surélevés et consolidés pour faire place à une seule cité. Des ponts ont relié les terres habitables pour permettre la circulation. Venise est désormais une grande ville. Elle s'étend au centre de la lagune, tel un poisson échoué, la tête tournée vers la côte.
L'eau est partout. Elle rend difficiles les déplacements, mais aussi les moindres travaux, les cultures

sur les îles, toutes les activités des habitants. Pourtant, les Vénitiens ont su tirer profit de leur situation particulière. Entre la mer et la terre, à l'abri des vents et des tempêtes, la lagune est un port idéal : les bateaux y font escale en toute sécurité. Venise a ainsi bâti sa richesse sur le commerce maritime, jusqu'à devenir le carrefour le plus important de la Méditerranée.
Combien de navires sont passés par la *bocca ai porto*, cette embouchure à la limite de la mer ! Combien de nefs et de **galères** ont déjà parcouru le large chenal qui conduit tout droit au cœur de la ville !

Une cité surpeuplée

Le contour des petites îles qui forment Venise a été peu à peu effacé par les innombrables constructions. 100 000 Vénitiens s'entassent au milieu de quelques centaines d'églises et de monastères. De nombreux chantiers et ateliers se partagent toute la place encore disponible.
Circuler dans les **calli** très étroites, sur les **fondamente** et sur les ponts est un véritable exploit ! Tout le monde se bouscule, et la moindre charrette provoque un embouteillage. Heureusement, pour faciliter la vie des piétons, les carrosses et les chevaux sont depuis longtemps interdits. Les Vénitiens préfèrent d'ailleurs se déplacer en barque, surtout

quand ils doivent transporter des marchandises. Ils connaissent parfaitement leur labyrinthe de canaux et parcourent la ville en tous sens sans hésitation. Le Grand Canal, en forme de S inversé, traverse le cœur de la cité. De ses rives partent des **rii** plus étroits : ils permettent de rejoindre rapidement tous les quartiers de Venise.

Enfin arrivés !

Un long convoi avance lentement vers le port. Les passagers, impatients de mettre pied à terre, découvrent le bassin de Saint-Marc constellé d'embarcations de toutes sortes. Les façades des palais, les rives colorées et, plus loin, les coupoles de la basilique : voilà le brillant décor qui accueille les voyageurs. **Coques** et galères font escale ici après avoir remonté l'Adriatique. Au terme de plusieurs mois de navigation parfois, elles débarquent épices, soies, esclaves. Elles repartiront chargées de monnaies d'or et d'argent, d'étoffes destinées aux ports d'Alexandrie, de **Constantinople,** et même des villes d'Asie. Pour protéger ces précieux chargements, il faut organiser des convois, qu'escortent des galères armées. Cela ne suffit pourtant pas toujours à décourager les ennemis ou les pirates.

Les quais sont insuffisants pour de si grands bateaux. Une fois qu'ils ont jeté l'ancre, des barques à rames rejoignent les voiliers. On y transborde les marchandises encore emballées, pour les acheminer vers différents entrepôts. Debout sur une barque alourdie par des sacs de blé et d'autres céréales, des rameurs dirigent leur chargement vers le **Fontego** de la farine. Les produits rares et le sel seront déposés près de la pointe de la Douane, à l'embouchure du Grand Canal.
Des navettes débarquent au pied du palais ducal les marchands, les pèlerins qui reviennent de Terre sainte, les marins et les soldats, des officiers envoyés par le **Sénat** de Venise pour gouverner les colonies d'outre-mer, et aussi des ambassadeurs de très nombreux pays.

Un somptueux palais

Francesco Contarini revient dans sa ville natale après des années d'absence. Il a beau bien connaître le palais ducal, cette grandiose demeure du **doge** le fascine toujours.
Venise n'a pas besoin de murailles ni de châteaux forts : la lagune est en effet la meilleure protection de la ville contre l'ennemi. Mais, pour bien montrer sa richesse et sa puissance, elle abrite son gouvernement et son chef dans un palais étonnant. Deux étages de dentelle légère de pierre soutiennent des murs au contraire lourds et imposants, comme pour défier les lois de l'équilibre. 35 arcades et 70 fenêtres décorent cet édifice prestigieux.
A l'abri de la galerie du premier étage, des personnalités de la ville se promènent en bavardant. Le jour de son élection, le doge lui-même apparaît à l'une de ces fenêtres pour saluer le peuple. Et c'est entre deux colonnes de marbre rose que sont prononcées les condamnations à mort des criminels.
Sous les arcades du palais et sur la place, les voyageurs se sentent encore dépaysés, au milieu des porteurs et des marchands qui s'affairent. Tout le monde interroge les soldats qui viennent de débarquer. Les nouvelles ne sont guère encourageantes : une flottille de corsaires turcs ravage les routes commerciales de la mer Égée. Dans quel état rentreront les prochains convois ? Tous les chargements arriveront-ils à destination ?

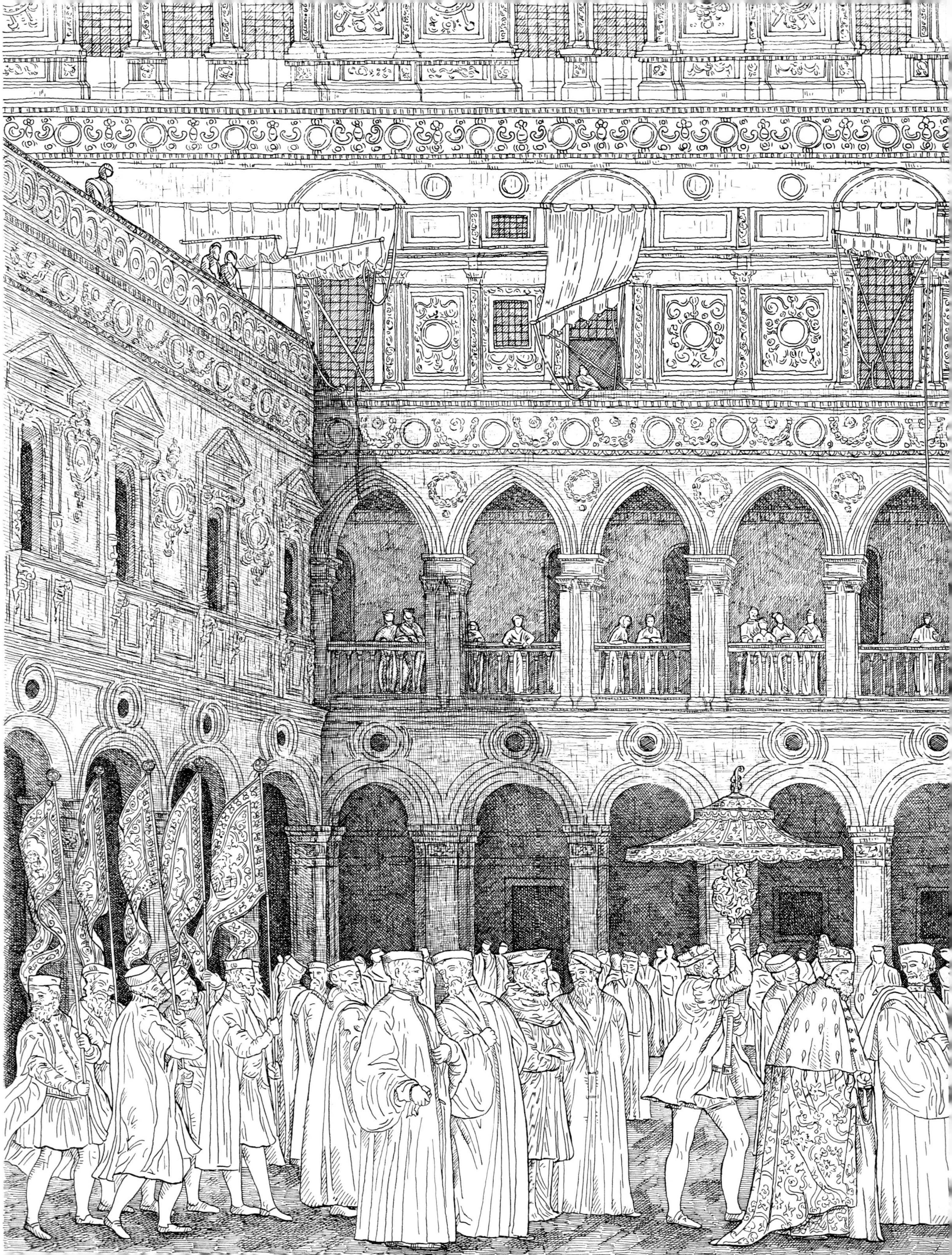

Un chef sans pouvoir

Dans la cour du palais ducal, la séance du **Grand Conseil** se prépare. Conseillers et secrétaires discutent sérieusement : c'est le moment de se trouver des alliés. Les hommes politiques, les avocats et les notaires portent un très simple habit noir. Les ambassadeurs étrangers se remarquent à leurs vêtements en tissus somptueux, couverts de riches broderies d'or.

Au centre, la foule s'écarte sur le passage du doge. Élu parmi les nobles les plus compétents et les plus sages, il est le personnage le plus important de la ville. Les riches comme les pauvres s'adressent à lui pour demander justice. Toutes les lois portent sa signature. Et les ambassadeurs de tous les pays se présentent à lui.

Sa puissance, pourtant, n'est qu'apparente. Un groupe de **patriciens** le suit partout pour l'aider, et surtout pour le surveiller. Même ici, dans son palais, ses conseillers l'encadrent quand il reçoit des hommages.

En réalité, le doge ne peut prendre aucune décision importante. Ses propositions sont soumises au Grand Conseil, au Sénat et aux autres conseils de la ville. Ce sont eux qui approuvent les lois, déclarent la guerre, donnent les ordres à l'armée ou à la flotte. Ils préparent aussi les traités de paix et fixent les impôts. Le doge est un souverain sans pouvoir : ainsi évite-t-on bien des excès d'autorité.

De nobles marchands

L'élection des sénateurs est une séance très attendue : 1 500 personnes au moins se pressent dans la salle du Grand Conseil. Qui sont donc ces patriciens qui gouvernent la cité depuis des siècles ? A la différence des seigneurs féodaux, hommes de guerre avant tout, les nobles vénitiens sont presque tous des marchands. Ils ont fait leur fortune sur la vente d'épices, de parfums, de soieries et d'esclaves rapportés d'Orient vers l'Europe. Leurs navires ont aussi poussé vers le nord, transportant de précieux chargements jusqu'aux ports français, allemands et anglais. Bien sûr, tous les patriciens ne sont pas allés aussi loin. Certains ont dirigé depuis Venise un impressionnant réseau commercial. D'autres ont installé des manufactures pour traiter les matières premières, la soie et le coton par exemple. Les textiles, comme les métaux, sont travaillés dans les ateliers vénitiens avant de repartir au loin. Beaucoup de ces marchands sont aussi des banquiers qui investissent les profits du commerce dans d'audacieuses opérations financières.

Rares sont les nobles vénitiens qui possèdent de grands domaines, et aucun n'a fait fortune dans

l'armée. Même les prestigieux capitaines de la flotte de la **République** ne parviennent pas à s'enrichir avec leurs victoires.

Des rôles bien répartis

Tous les postes du gouvernement, la police et l'administration de la justice sont aux mains des patriciens. Les plus puissants sont élus à de hautes fonctions de l'État, et c'est parmi eux qu'est choisi le doge. Quant aux héritiers des familles moins fortunées, ils vivent de charges plus modestes. Mais aucun patricien, quel que soit son rôle, n'échappe au contrôle des autres membres du Grand Conseil. Cette surveillance réciproque oblige chacun à agir avec sagesse. Pas de décision hasardeuse ni de complot mystérieux : tout se sait !
Des secrétaires, des chanceliers et des copistes dressent les procès-verbaux des séances et préparent les textes des lois. Ces **cittadini** sont responsables de l'administration et leur aide est appréciée par les politiciens. Parfois très riches, ils n'accéderont cependant jamais à des rôles politiques.

Un gouvernement complexe

Le doge n'ayant pas de vrai pouvoir, il est entouré de plusieurs conseils. En principe, le Grand Conseil détient les pleins pouvoirs; mais trop de gens y siègent pour discuter des secrets de l'État. Il se limite donc à voter les lois les plus importantes et à distribuer entre les patriciens les différentes charges de l'administration. C'est en fait le Sénat, composé d'une centaine de personnes, qui gouverne la **Sérénissime.**

Le ducat d'or

Des terres dispersées

Les territoires de l'État vénitien sont très dispersés. Là-bas, au cœur de la Méditerranée, on trouve les îles de Chypre et de Crète; plus haut vers l'Adriatique, celle de Corfou et d'autres, plus petites; enfin, en face de Venise, la côte dalmate et la péninsule d'Istrie. Côté terre, la République s'étend vers le nord et englobe de grosses villes très peuplées comme Padoue, Vérone, Brescia. Sur toutes ces

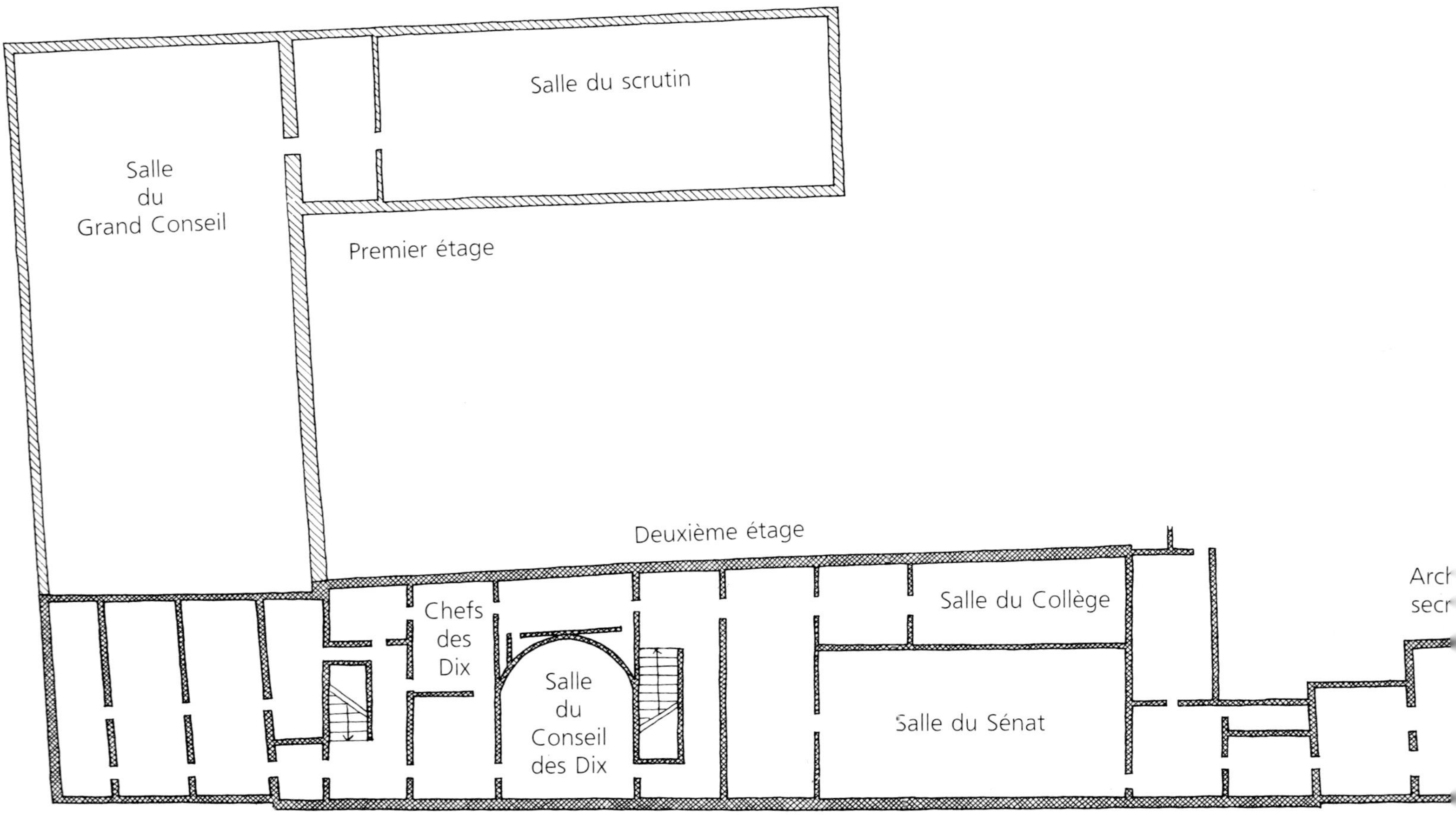

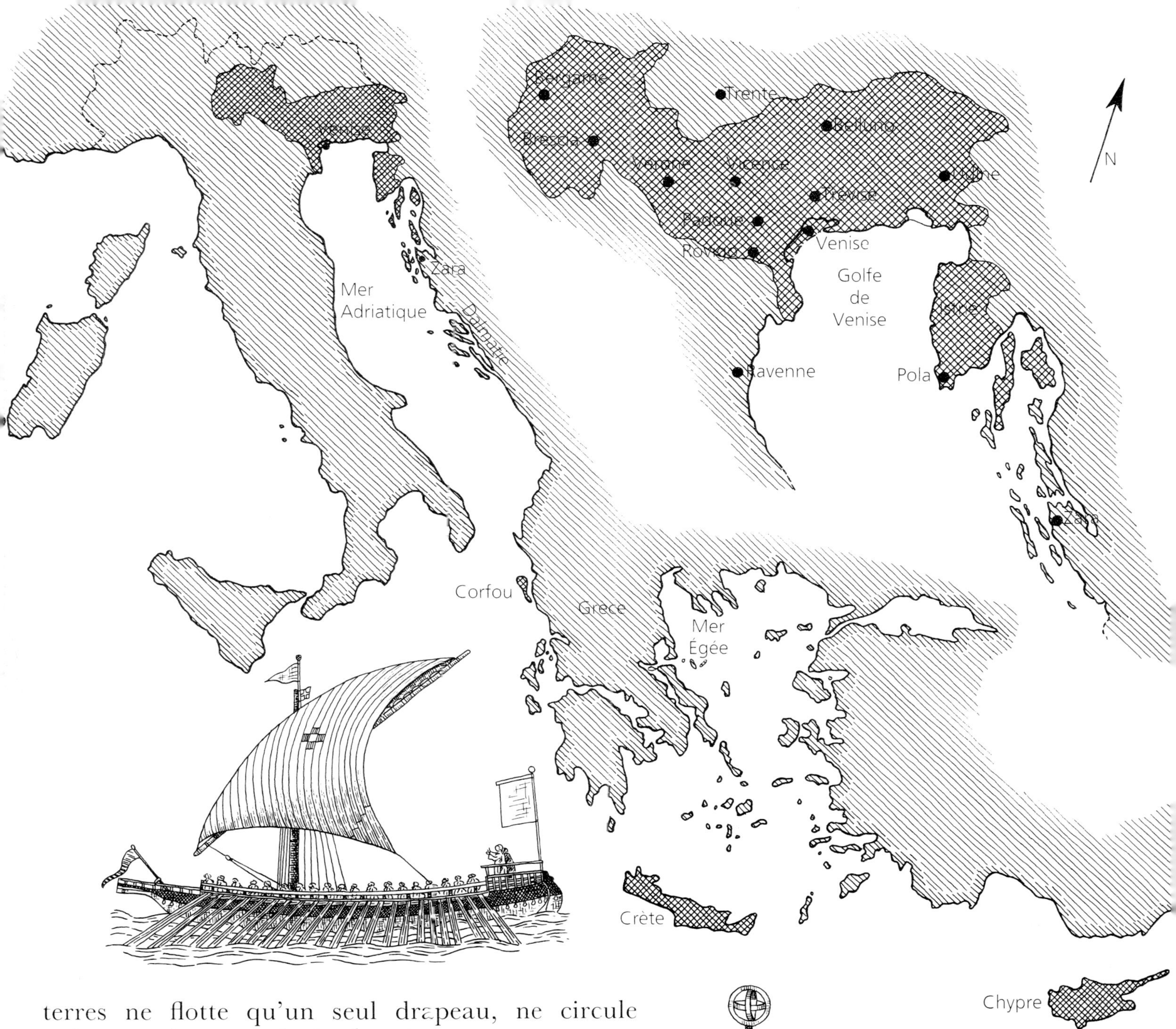

terres ne flotte qu'un seul drapeau, ne circule qu'une seule monnaie, le **ducat.**
Un **rettore** patricien est envoyé dans chaque cité pour gouverner au nom du doge. Il fait respecter les lois, administre la police et, tâche importante, fait rentrer les impôts. Il est tenu de communiquer les faits marquants au Sénat.
Ce conseil est aidé par le **Collegio.** Celui-ci reçoit les ambassadeurs étrangers et les sujets qui viennent se plaindre des impôts excessifs ou des ravages des inondations dans les campagnes.
Ceux qui complotent contre l'État risquent d'être emprisonnés ou, pire encore, interrogés par le **Conseil des Dix.** La sévérité et l'autorité de ce tribunal suprême sont redoutées de tous.

Sous la protection du lion

Ils ne manquaient pas d'audace, ces deux marchands vénitiens qui, au IXe siècle, dérobèrent à Alexandrie d'Égypte les reliques de saint Marc. Ils les rapportèrent jusqu'à Venise, cachées dans leur cargaison. Depuis, le saint est le patron de la ville. Son symbole, le lion ailé, est représenté sur toutes les bannières. Le nom de «San Marco» est le cri de guerre de la redoutable flotte vénitienne : cri joyeux pour les amis, terrifiant pour tous les autres.
Les Vénitiens ont toujours entretenu des liens très étroits avec l'Orient. L'église de saint Marc en est l'éclatante illustration. Ses constructeurs ont choisi les formes arrondies, les coupoles des églises grecques et byzantines. Les colonnes et les statues de marbre coloré sont venues de très loin. Sur les portiques et les voûtes, des mosaïques dorées et multicolores retracent des scènes de la Bible. La basilique abrite un trésor d'une inestimable valeur : objets d'or et d'argent, pierres précieuses, offerts par des artisans vénitiens ou rapportés des voyages par des moyens plus ou moins honnêtes. Les quatre chevaux de bronze doré qui trônent au-dessus de l'entrée principale ont été volés à Byzance il y a trois siècles !
Toutes les grandes fêtes religieuses se déroulent à Saint-Marc. Quand les guerres ou la peste menacent, on y invoque l'aide de Dieu et du saint protecteur. Et si la flotte rentre victorieuse, on viendra rendre grâces par des cérémonies solennelles.
Malgré tout, Saint-Marc n'est que la chapelle du doge. Le **patriarche,** lui, vit sur une petite île, à l'écart de la ville, et sa cathédrale est bien plus modeste.

Les Mercerie

Il y a foule dans les *Mercerie*, ces ruelles qui relient Saint-Marc et *Rialto*, le cœur commercial de Venise. La légende raconte qu'ici, près de la Tour de l'Horloge, une vieille femme a mis fin à une révolte contre le doge. Elle jeta par sa fenêtre un gros mortier de pierre qui tomba juste sur la tête du chef des rebelles.

Ouvrant sur la rue et pressées les unes contre les autres, les boutiques proposent toutes sortes d'objets, surtout des produits de luxe. Des étrangers flânent entre les étals des merciers et des orfèvres. Un enfant ébloui admire une devanture. Mais le commerçant veille sur ses marchandises. «Laissez passer!», crie un jeune garçon qui, en courant, trace le chemin devant une escouade de gendarmes.

Chez l'orfèvre

Quel ordre dans cette petite boutique ! Près du fourneau, un garçon rajoute régulièrement du bois et ravive la flamme à l'aide d'un soufflet. La température doit être suffisante pour que l'argent fonde. Moins habile, un enfant manœuvre un tour pour tresser les fils d'or qui deviendront des bijoux. Autour de l'établi, le maître et ses meilleurs ouvriers s'occupent aux travaux plus délicats : sous leurs doigts naissent des bagues, des colliers, des bracelets, des coupes modelées en or et ornées de pierres précieuses d'Orient. Leurs créations sont recherchées partout en Europe.

Le quartier des affaires

Un large pont en bois enjambe le Grand Canal à *Rialto*. Il permet aux commerçants de rejoindre leur quartier, celui des affaires. Voici le **campo** San Giacomo. On y parle toutes les langues : français, grec, arabe... Chacun y rencontre ses clients, organise son travail et son négoce. Les Allemands, pour faciliter leurs échanges, se sont même installés à deux pas d'ici dans une grande bâtisse, le *Fontego dei Tedeschi* (des Allemands). Elle sert à la fois d'entrepôt et d'auberge pour les marchands de passage et pour les résidents : ils se retrouvent ainsi entre compatriotes.

Les banques en plein air

Comme chaque matin, la place est occupée par les banquiers et les agents de change installés à leur comptoir. Sans eux, ce grand carrefour d'échanges n'existerait pas. Les clients étrangers ont en effet besoin d'argent pour payer leurs marchandises. Transporter d'un pays à l'autre des caisses d'or est trop risqué. Il est plus simple de présenter aux banquiers des **lettres de change** pour obtenir l'argent nécessaire à ses achats. Par des opérations plus compliquées, les banquiers prêtent des sommes importantes aux clients de confiance et même à l'État. Les copistes, eux, reportent soigneusement les comptes sur des livres en parchemin. Assis à leur table, les changeurs **convertissent** les monnaies étrangères.

Sous les portiques et sur le parvis de l'église, les marchands disposent leurs étoffes et leurs draps. Mais il n'y a pas de vente au détail. Pour se faire faire un habit, il faut se rendre dans les boutiques des alentours. En revanche, on peut choisir ici des rouleaux entiers de soie ou de coton à vendre à l'étranger. Les spécialistes tâtent les étoffes, admirent les couleurs, critiquent la qualité. On discute longuement le prix. Et finalement, les marchandises sont emballées, chargées dans de hauts paniers et portées jusqu'au port. Aussitôt l'affaire conclue, les commis crient leurs ordres aux porteurs et hommes de peine. Il ne faudrait pas arriver trop tard pour charger le bateau !

Les halles de Rialto

Aux quais du marché, les barques pleines à ras bord se disputent de bonne heure les places pour pouvoir décharger. Les bateliers et les porteurs n'ont pas la tâche facile : les embarcations se balancent sans cesse. A marée basse, il faut soulever très haut les lourds paniers pour les passer sur la rive. A marée très haute, au contraire, l'eau envahit vite les quais, et l'on risque de glisser.
Des îles voisines, particulièrement fertiles, viennent les choux, les carottes et les navets, les fruits. Le poisson arrive tout frais de l'Adriatique ou de la lagune. Mais en été, il faut l'acheter tôt le matin, car il s'abîme vite sous la chaleur.
Les paysans de la terre ferme fournissent le lard, les saucisses, les volailles et toutes sortes de viandes.

Le gibier, dont les Vénitiens raffolent, provient des marécages de la lagune. Bouchers et charcutiers soignent leurs étals pour attirer les clients. Mais ces produits n'iront pas sur la table des plus pauvres. Ceux-là se nourrissent de pain noir et de vin à petit prix.

Des bandes d'enfants vagabondent dans ce marché aux riches odeurs. Dès qu'un commerçant relâche sa surveillance, ils lui dérobent une bouchée succulente et s'enfuient à toutes jambes. Les poursuivre ne sert à rien : les garnements se faufilent partout pour rejoindre de mystérieuses cachettes.

Des femmes remplissent de grandes corbeilles de victuailles qu'elles iront vendre sur d'autres *campi*, là où les barques ne peuvent arriver.

Un petit tour en gondol

Sur le Grand Canal, le trafic est intense. La circulation n'est pas réglementée : les embarcations naviguent dans tous les sens. Elles servent à tous les transports : non seulement les marchandises, mais aussi les personnes et les animaux. Il n'y a en effet qu'un seul pont pour relier une rive à l'autre. Il est plus commode pour les piétons de héler une gondole et de traverser le Canal pour quelques piécettes.
Pour circuler dans les canaux les plus étroits et éviter les accrochages, les Vénitiens ont depuis longtemps adopté une technique particulière : on rame debout, tourné vers la proue, en tenant l'aviron presque vertical. Il suffit d'un léger mouvement du poignet pour faire virer la barque dans un sens ou dans l'autre. Un seul homme suffit donc à la gouverner, même si elle est longue. Mais quand le chargement est lourd, il faut deux ou trois hommes, parfois plus, jusqu'à six ou huit. Aux heures de pointe, les cris d'avertissement et quelques injures aident à résoudre les situations les plus délicates.
Le long de cette artère principale, les Vénitiens ont édifié leurs plus belles demeures. Au XVe siècle, les riches familles de patriciens occupent les deux rives du Grand Canal. Fenêtres et portails, balcons et

arcades sont de styles différents, suivant l'époque de leur construction. Les façades sont rehaussées de statues et de **fresques** de grands artistes.
Et les jours de fête, quel spectacle ! Pour voir passer un cortège de hauts dignitaires ou pour assister à une régate, on sort les bannières et les tapisseries éclatantes de couleurs. C'est à qui aura la maison la mieux décorée. Tout le monde se montre aux fenêtres en tenue d'apparat.

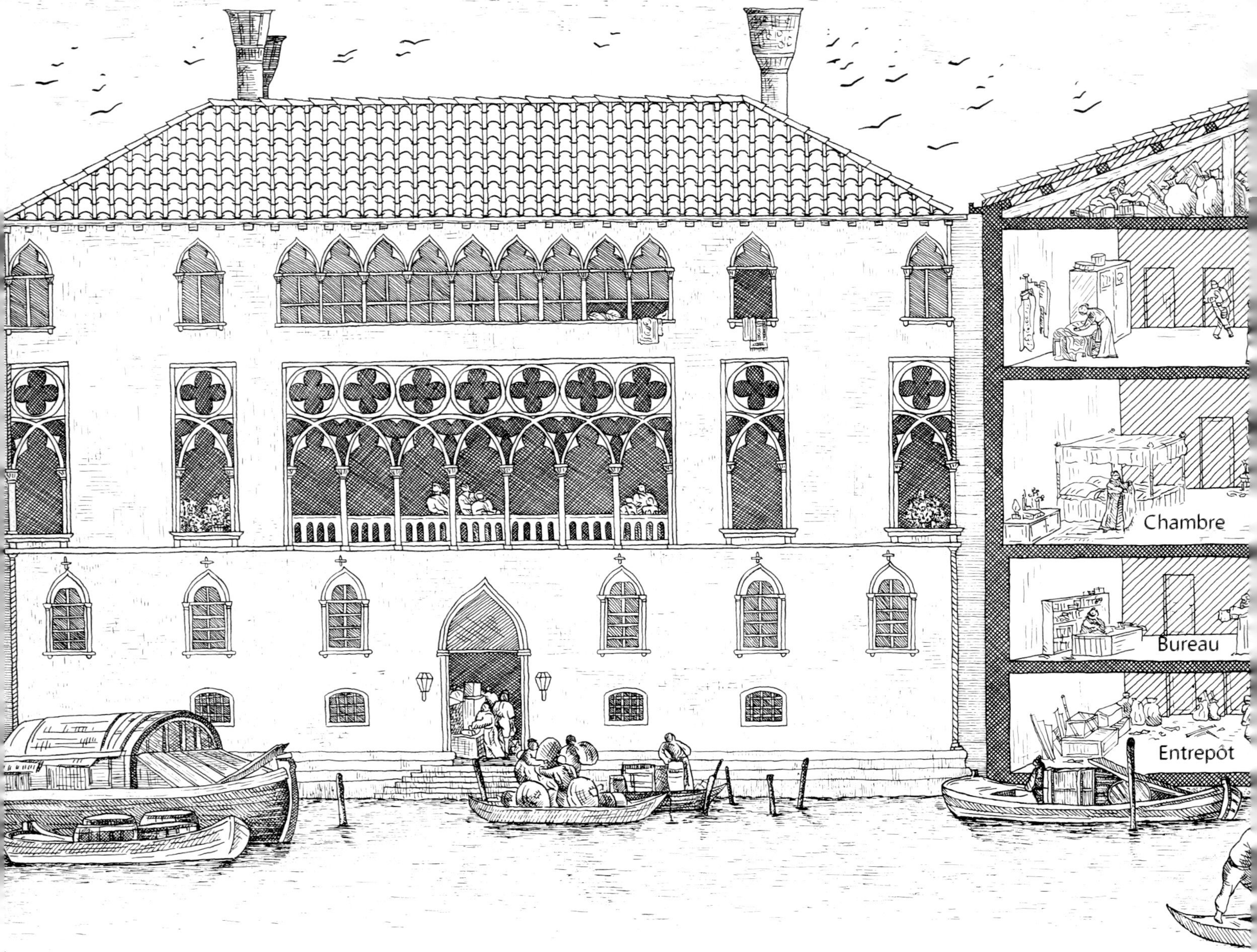

Du grenier à l'entrepôt

Sous sa charpente en chêne d'Istrie, le palais Contarini cache un vaste grenier. *Donna* Laura, la maîtresse de maison, y fait ranger objets et denrées non périssables. En été, ce grenier devient un four, mais l'étage inférieur est plus frais. Le plafond est encore bas, mais les pièces sont lumineuses et aérées. Dans ces logements de service vivent cuisiniers, domestiques, jardiniers et gondoliers : au moins vingt personnes !
Haut de plafond et spacieux, l'étage noble est réservé à la famille. Le salon central, qui couvre toute la profondeur du palais, est idéal pour les nombreux bals ou déjeuners : il peut accueillir des centaines d'invités. Sur les côtés s'ouvrent des salons

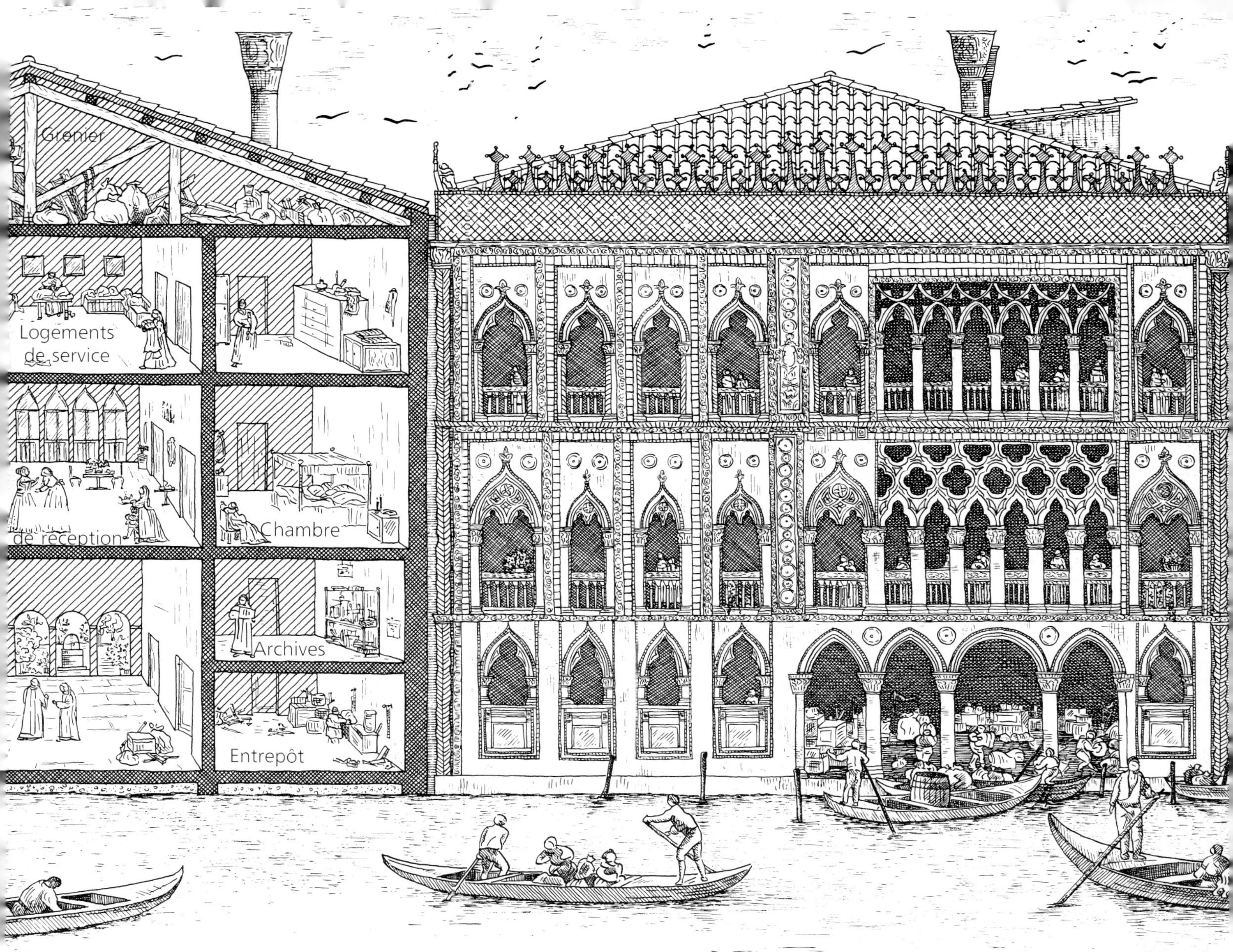

moins importants et les chambres à coucher.
En descendant l'escalier, on découvre des pièces de travail, très basses. Cet étage, le *mezà*, abrite secrétaires, copistes et employés. Mais ils ne sont pas les seuls à administrer le patrimoine des Contarini. Ceux-ci ont des correspondants dans les ports d'Europe et d'Orient, qui traitent leurs affaires sur place et envoient des nouvelles. Une lettre vient justement d'arriver d'Alexandrie : elle annonce une augmentation du prix des épices. Ces courriers parlent aussi des guerres, des épidémies ou des famines. Tout ceci a une influence sur les ordres de vente et d'achat que donne le maître de maison.
Au rez-de-chaussée enfin, les portefaix déchargent les sacs de blé et les entassent dans les entrepôts : cette année, la récolte sur les terres familiales a été abondante.

Le retour à la maison

C'est jour de fête chez les Contarini : Francesco, le cadet des trois frères, est de retour; il a passé plus de dix ans à Chypre comme agent commercial. Il envoyait depuis cette colonie le coton et le sucre produits sur l'île, et les épices achetées au Liban et en Syrie. Ses frères, tous membres de la **fraterna,** les vendaient à leur tour à Venise et sur les marchés européens. Francesco était chargé d'organiser les

transports maritimes. La mer est d'ailleurs son élément. Dès l'âge de 15 ans, il a navigué sur les galères marchandes en Méditerranée. Grièvement blessé lors d'un accrochage avec un corsaire turc, il a dû renoncer aux voyages.

Une petite foule entoure le nouvel arrivé. On est curieux de connaître la vie à Chypre, le commerce qui s'y développe. Le récit de son retour, sous la menace de fortes tempêtes, impressionne beaucoup ses jeunes neveux. A ses côtés se tient une femme âgée : sa mère, veuve du sénateur Gaspare, très respectée de toute la famille.

Francesco apporte des nouvelles inquiétantes : la flotte turque s'apprête à sortir de ses ports et à menacer les possessions vénitiennes du **Levant**. Le frère aîné, administrateur des biens de la famille et politicien important, se montre préoccupé. Il faudra renforcer les défenses, mieux armer les convois, construire d'autres navires de guerre. Que de tourments en perspective !

Le troisième frère, évêque en Dalmatie, craint pour ses fidèles : les incursions des Turcs sont toujours terribles.

La fête se poursuit pourtant, avec parents, amis, notables et marchands, gens de lettres et gens d'Église. Dans le salon décoré de tapisseries et de peintures, les serviteurs en grande livrée ne cessent d'aller et venir : les plats délicieux et les bons vins font oublier pour un temps les soucis.

Un grand complexe industriel

Que protègent donc ces murs imposants, ces tours, ces ponts-levis, ces lourdes portes surveillées par des gardes armés ? Le trésor essentiel à la défense d'une ville comme Venise, c'est sa flotte de bataille. Il n'y a donc rien d'étonnant à découvrir ici les chantiers navals, les bassins pour réparer les galères, les scieries, les manufactures de voiles et de cordages. Et aussi les fonderies de mousquets et de canons, les laboratoires pour la poudre. L'arsenal de Venise est à l'époque le plus grand complexe industriel du monde : plus de 3 000 personnes y travaillent.

A mesure que sa puissance s'accroît, la République exige toujours plus de bâtiments de guerre. L'ar-

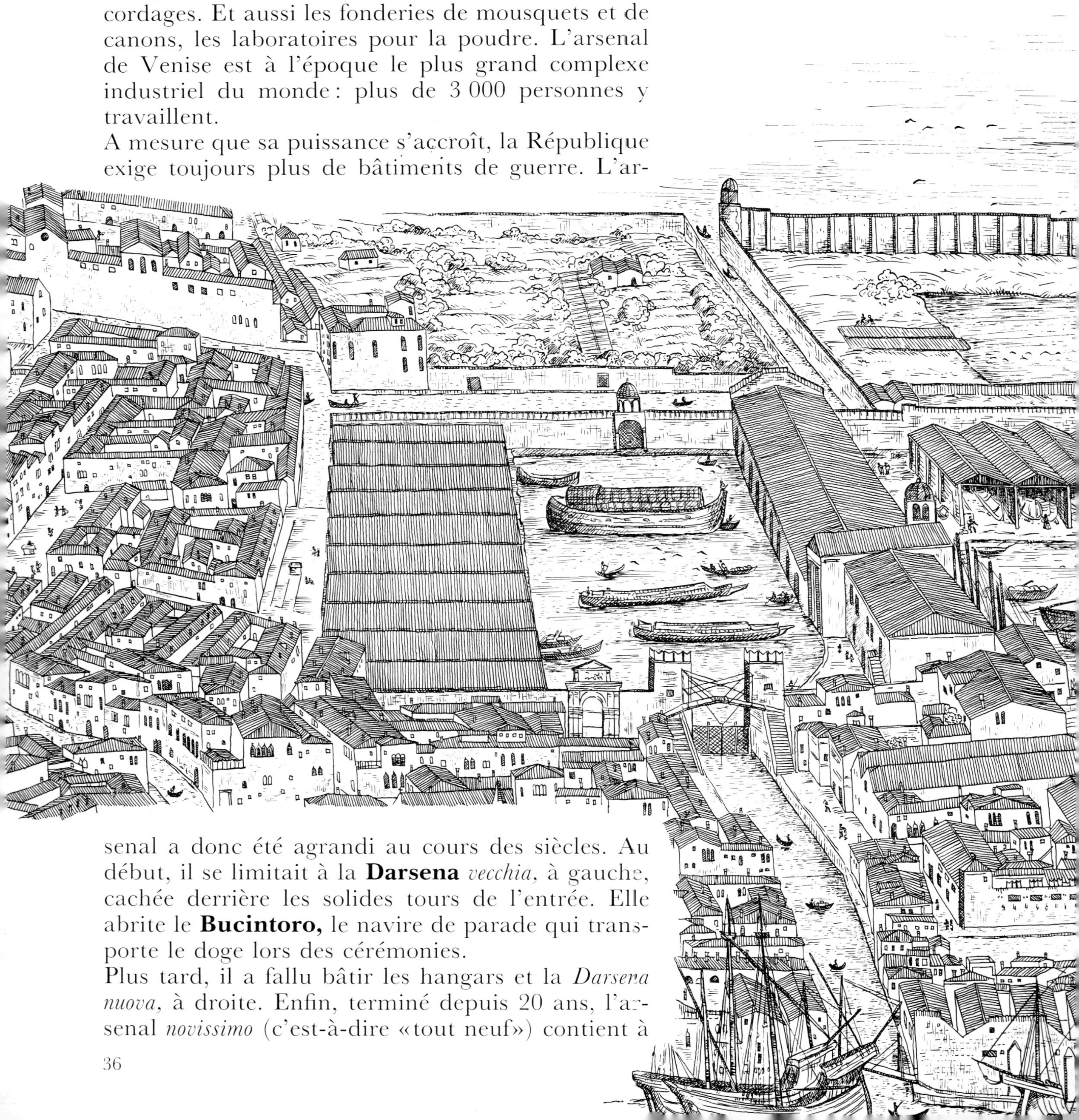

senal a donc été agrandi au cours des siècles. Au début, il se limitait à la **Darsena** *vecchia,* à gauche, cachée derrière les solides tours de l'entrée. Elle abrite le **Bucintoro,** le navire de parade qui transporte le doge lors des cérémonies.

Plus tard, il a fallu bâtir les hangars et la *Darsena nuova,* à droite. Enfin, terminé depuis 20 ans, l'arsenal *novissimo* (c'est-à-dire «tout neuf») contient à lui seul 50 navires prêts à appareiller rapidement en cas d'attaque turque.

Dans les moments difficiles, l'effort fourni ici est considérable. Pour livrer les bateaux dans les plus brefs délais, on travaille presque à la chaîne. Les coques ou les galères mises à l'eau sont remorquées par de petites barques jusqu'au vieil arsenal. Là, elles passent devant les dépôts de voiles et de cordages : ce matériel est mis en place à bord. Puis on embarque les vivres nécessaires à une longue navigation : eau, pain et biscuits, poisson salé. Enfin, on charge les armes, les balles de pierre et les boulets de canon, les réserves de poudre. A la sortie de l'arsenal, il ne manque plus que l'équipage.

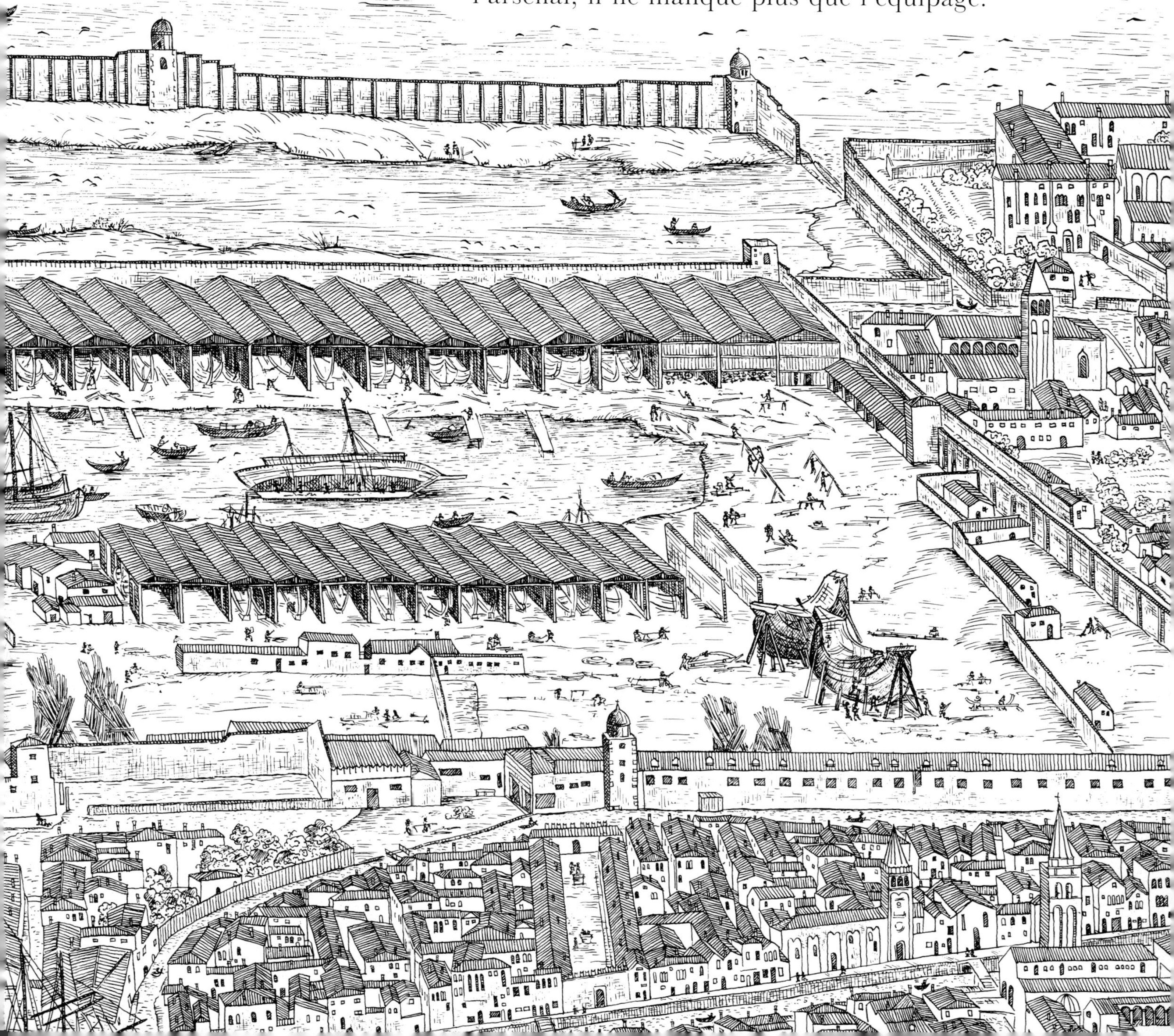

Une nouvelle galère

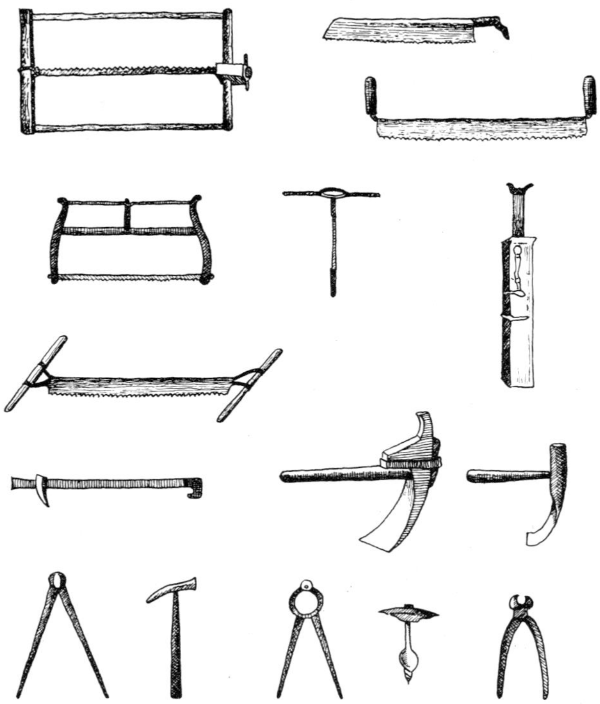

Dans un hangar de l'arsenal, les charpentiers sont à l'œuvre sous les ordres du **maître de hache.** En général, personne ne suit de plan précis. Les maîtres de chantier connaissent par cœur les mesures des différentes pièces des navires. Mais cette fois-ci, un architecte surveille les travaux. Le Sénat vient d'approuver son projet pour une nouvelle galère. Plus grande que les autres, elle transportera des canons plus puissants. Pour gagner en rapidité, elle sera dotée de quatre rangs de rames de chaque côté.

L'architecte passe sa journée au chantier, les plans à la main, soucieux de contrôler tous les détails. Sa présence ne plaît guère aux ouvriers et à leurs maîtres. Ces artisans, qui construisent les navires selon de très anciennes traditions, n'acceptent pas volontiers les nouveautés imposées par un étranger et préfèrent travailler à leur façon.

Ils bougonnent entre eux mais, au moins, ils sont à l'abri de la chaleur... Car dehors, sous le soleil cuisant de juillet, leurs compagnons achèvent un gros voilier. Et que dire des conditions de travail de ces pauvres calfats, ces hommes qui enduisent de poix bouillante cette coque ? Dans quelques jours seulement, celle-ci partira pour Corfou.

Les cordes et les voiles

A l'arsenal, rien n'est fait à moitié. La flotte devant être équipée de voiles et de cordages, les ateliers spécialisés ont été installés à l'intérieur même de l'enceinte.
Un long hangar s'étend à perte de vue : dans ces corderies, on tresse, on tend et on enroule des cordes de toutes tailles. Certaines servent à soutenir les mâts ou les vergues, d'autres à manœuvrer les voiles, à jeter l'ancre ou à amarrer les navires. Il faut aussi penser aux câbles des treuils : ces engins sont indispensables pour soulever les mâts et embarquer les réserves.
Assis sur les rives du bassin, les voiliers sont à l'ouvrage. Ils coupent avec perfection les formes ventrues pour les voiles des coques. Les pièces plus petites sont destinées aux galères, bien plus agiles dans les manœuvres. Avec de grandes aiguilles, les hommes ourlent les bords de la toile et les raccrochent aux drisses. Une fois les voiles achevées, d'autres ouvriers les replient et les enroulent : elles ne tarderont pas à être hissées.

Des matériaux indispensables

A la fin du XVe siècle, les voiles comme les cordes sont en chanvre. Cette fibre végétale est travaillée dans l'atelier de la Tana, à quelques pas d'ici. Et le gouvernement veille de près à ce qu'il soit toujours approvisionné. Que deviendrait Venise si elle manquait de voiles ? Aussi les paysans de la terre ferme sont-ils obligés de cultiver de vastes champs de cette plante malodorante. La récolte sera acheminée vers l'arsenal : c'est un ordre du Sénat.
Le gouvernement s'est aussi approprié les forêts de chênes et de sapins en **terraferma** et en Istrie, afin de disposer du bois nécessaire pour les constructions navales. Il est interdit d'abattre un arbre de Saint-Marc sans la permission des **provveditori all'arsenale.** Ils sont responsables de ce grand chantier.

Les arsenalotti

L'amiral de l'arsenal est là pour les aider : son expérience de marin est essentielle. Il organise et dirige les travaux, veille à tous les approvisionnements. En bref, il est le chef des **arsenalotti,** choisis parmi les meilleurs spécialistes de tout le territoire vénitien. Ceux-ci ne se plaignent pas de leur sort : le salaire est bon et le travail assuré pour toute la vie. Ils se montrent d'ailleurs très fidèles à la République : appelés comme gardes d'honneur du doge, ils protègent le palais en cas de tumulte ou de révolte. Ils accourent pour éteindre les incendies en ville : leurs haches, leurs échelles et leurs seaux sont précieux !

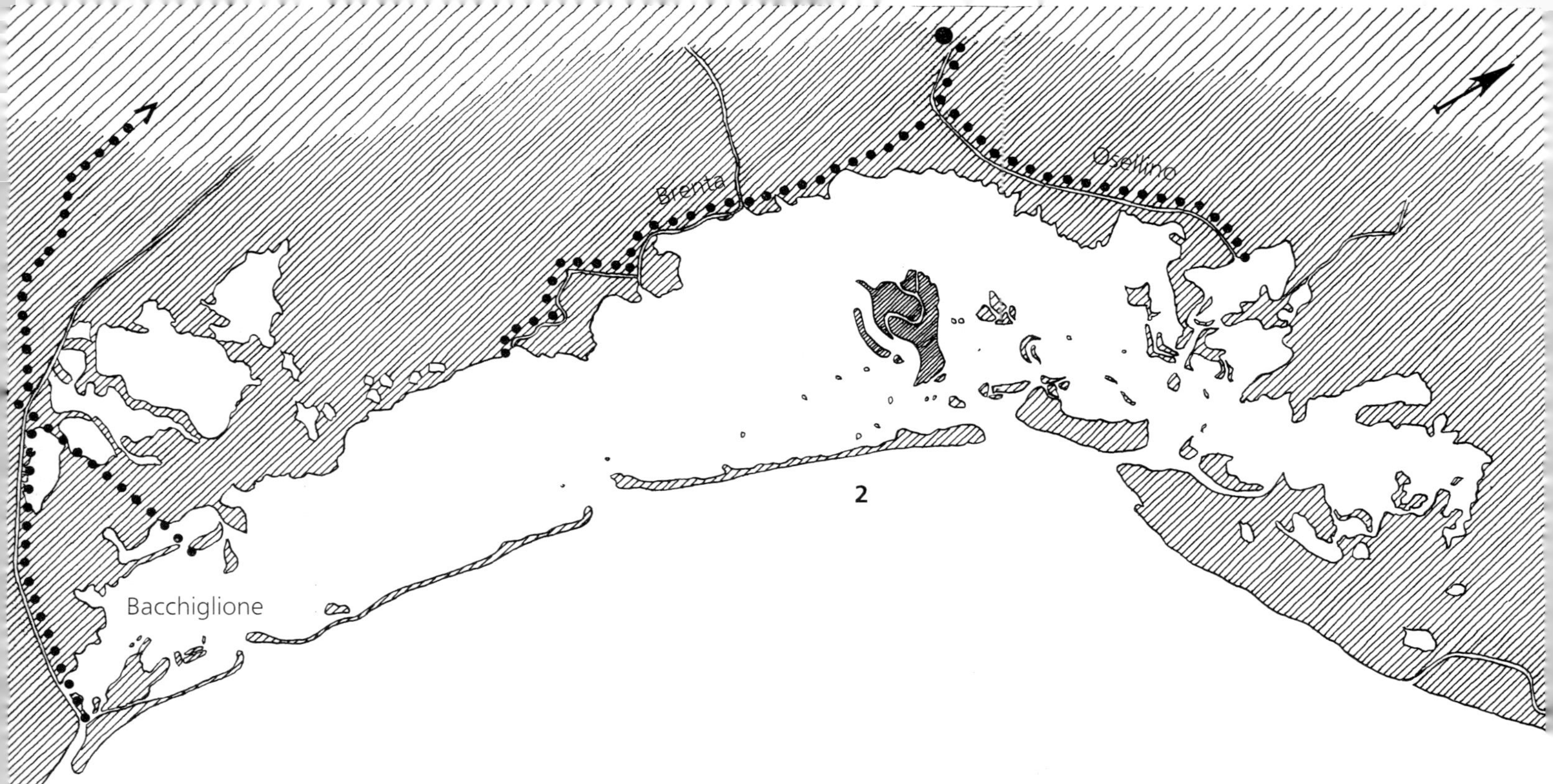

Une menace constante

L'eau est la richesse première de Venise et sa protection contre ses ennemis. Pourtant, elle représente en même temps une grave menace.
La lagune n'est pas un étang tranquille : avant de s'y jeter, les fleuves descendus des montagnes proches ont traversé les plaines. Dans leur course, ils entraînent du sable, des graviers, des troncs d'arbre, qu'ils déversent au pied de la ville. Les années passent, et la lagune se remplit et s'ensable. Venise deviendra-t-elle une ville de terre ferme, comme Pise dont le port a été comblé par l'Arno ?

Éviter l'ensablement

Les Vénitiens sont sur le qui-vive. Depuis des siècles, ils observent les fleuves et vérifient la profondeur des canaux. Le gouvernement surveille la façon dont on comble les terrains avant d'y construire des maisons. Il interdit même de planter des pieux ou de tendre des filets qui freinent le mouvement de la marée, essentiel pour assurer la propreté de la lagune. Le long des canaux naturels, des digues consolidées par des pilotis et du gravier empêchent le courant de ronger les rives (1).
Mais cela ne suffit pas. Comme on ne peut pas bloquer les fleuves, le Sénat décide de déplacer leur

1

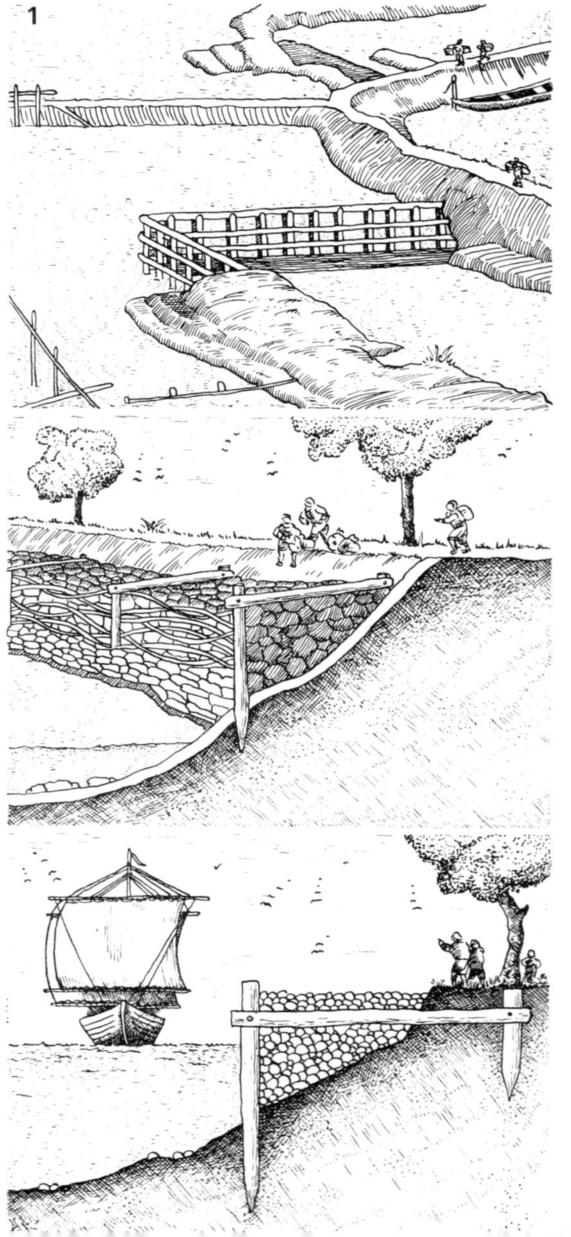

cours, d'éloigner leur embouchure de la ville. Un projet très ambitieux! Le Brenta, qui débouchait juste en face de Venise, est déjà dévié par un canal, plus au sud. Trois rivières moins importantes se jettent maintenant dans le lit de l'Osellino, repoussé vers le nord. Le Bacchiglione, qui draine tous les détritus des campagnes de Vicence et Padoue, sera bientôt écarté de la lagune (2).

Garantir des constructions solides

En ville aussi, la lutte contre l'eau est quotidienne. On ne peut rien construire sur du sable trop meuble. Les chantiers se renvoient les chants et les cris rythmés des **battipalo :** à deux, ils empoignent une lourde masse qui s'abat sur les pilotis (3). Il faut des milliers de ces pièces de bois pour soutenir le poids d'un palais, d'une église ou même d'un pont (4). Les *fondamente* qui bordent les rues sont particulièrement solides : pieux, grosses pierres, enfin mur de briques (5). Sans tout cela, Venise risquerait de fondre comme un morceau de sucre.
Nettoyer le fond des canaux n'est guère agréable. On y plante des parois de bois pour en isoler de petites parties. On en vide l'eau à l'aide de pompes, puis on les nettoie, on les creuse et on les consolide, les pieds dans la vase (6).
Ces ouvrages gigantesques emploient les meilleurs ingénieurs et architectes du temps, et coûtent très cher à l'État et à ses sujets. Pour faire survivre leur lagune et leur ville, les Vénitiens participent chaque jour au plus important système de travaux publics d'Europe.

5

6

3

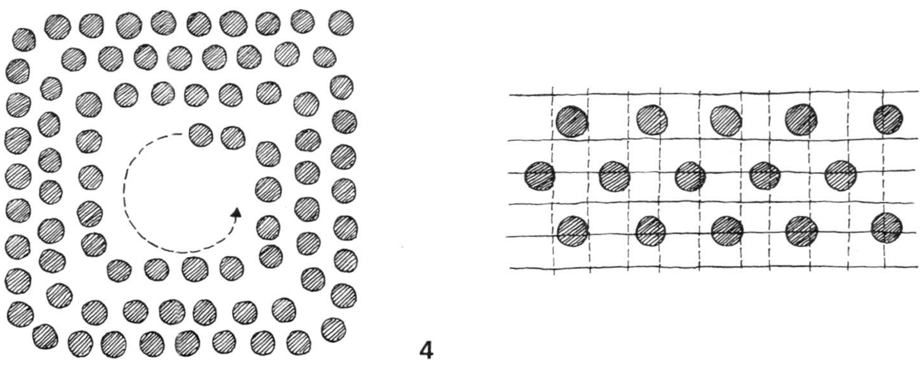
4

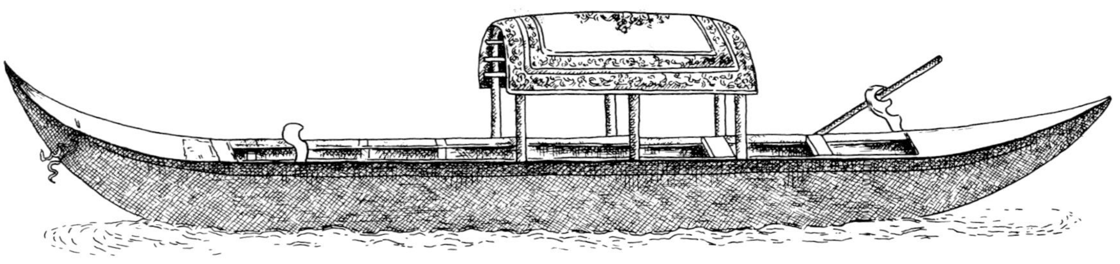

Des centaines de chantiers

L'arsenal, avec ses immenses chantiers, participe à la défense et à la richesse commerciale de la République. Dans cette ville où l'eau est partout, il faut construire bien d'autres embarcations. Des chantiers de dimensions plus modestes surgissent un peu partout : on y fabrique par exemple de petite nefs ventrues, pour la navigation côtière, ou de larges radeaux, pour remonter les fleuves jusqu'aux villes de la terre ferme.

A l'angle des canaux, adossées aux maisons, de solides baraques s'ouvrent directement sur l'eau. Ce sont les *squeri*, les chantiers spécialisés dans la fabrication des petits bateaux, ceux qui transportent des vivres ou des passagers d'un bout à l'autre de la ville. A l'intérieur, les ouvriers, appelés *squeraroli*, assemblent la charpente des futures barques. Au-dehors, des coques abîmées gisent sur le flanc

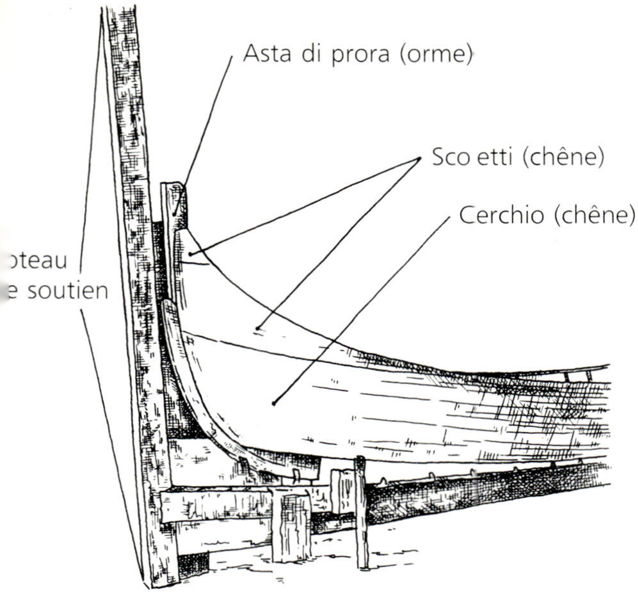

La proue

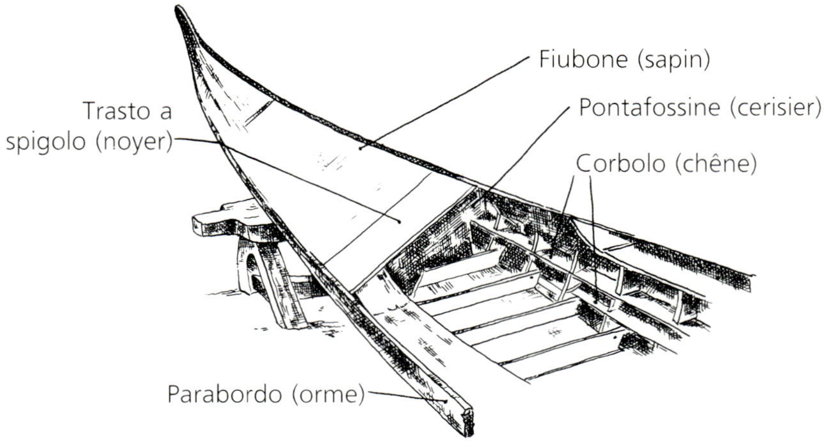

La poupe

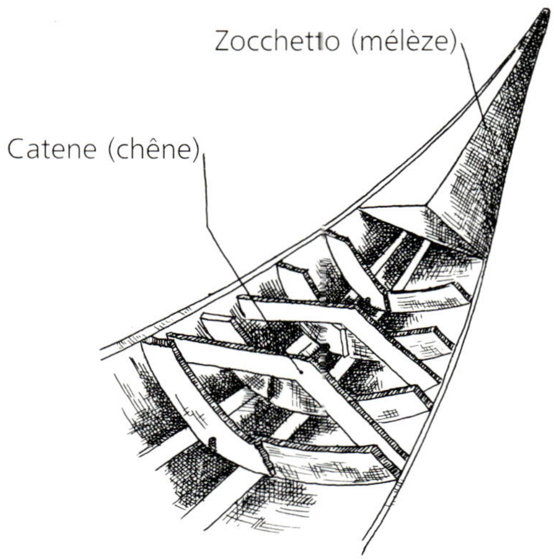

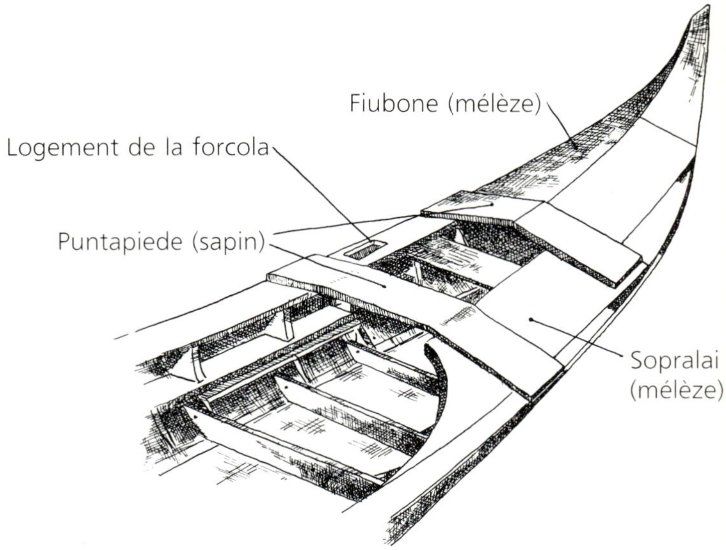

en attendant des réparations. Avant de les remettre à l'eau, on les enduira de poix pour les rendre étanches.

La gondole

Les *squeraroli* ont créé une barque très originale, inconnue au-delà de la lagune : la gondole. Sa forme fuselée, son fond plat ne sont pas nés par hasard. Cette embarcation est tout à fait adaptée à la circulation dans les canaux étroits et peu profonds. Un support de bois, la *forcola*, soutient la rame; la fabrication de ces deux pièces est si délicate qu'elle est confiée à des artisans attitrés. A première vue, toutes les gondoles se ressemblent : lignes fuyantes, extrémités recourbées comme une demi-lune, fers de proue et de poupe. Mais derrière chaque pièce se cache une astuce du maître de hache qui la rend unique et parfaite.

Une technique récente

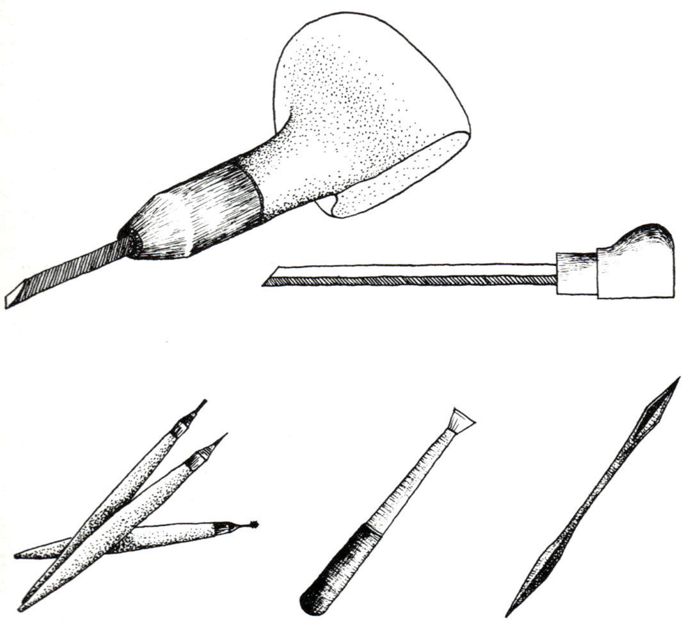

Venise ne connaît l'art de l'imprimerie que depuis une trentaine d'années. Elle le doit à Giovanni da Spira, qui en a rapporté les techniques d'Allemagne. Pourtant, des milliers d'éditions sont déjà sorties des ateliers des *Mercerie.* Et la ville, en peu de temps, est devenue le centre du livre : elle en produit deux fois plus que Paris à la même époque. Cet atelier est celui d'Aldo Manuzio, l'un des plus fameux imprimeurs du temps. On dit que ses ouvrages sont aussi beaux que des manuscrits enluminés !
Dans l'imprimerie sont élaborés dessins et illustrations. Les graveurs, à l'aide de burins et de pointes

de fer, reportent les esquisses sur des plaques de cuivre. Ensuite, vient le tour des imprimeurs : ils étendent l'encre sur les plaques, posent dessus les feuilles de papier, puis les compriment sous la presse. Les pages, fraîchement encrées, sont alors soigneusement étalées pour le séchage.

A la typographie, c'est le compositeur qui a la tâche la plus délicate. Pour former les mots, il choisit et place un à un les caractères en plomb. Des milliers, des millions de caractères pour un livre. Une fois les pages composées, les tampons des encreurs et la presse font le reste. Les pages sont ensuite relues par les correcteurs d'épreuves : ils ne laissent pas passer une erreur ! Le livre est maintenant prêt à être relié et mis en vente.

Les métiers de la mode

Avec Paris, Venise est la capitale de la mode européenne. On trouve à *Rialto* soies et velours raffinés, fourrures, perles et autres objets de parure venus de partout. Très recherchés par les patriciens, ces articles sont aussi vendus sur tout le continent.
La laine et le coton, moins précieux, sont filés par des femmes, à domicile, avant de passer aux mains des tisserands. En revanche, la soie est travaillée dans de vastes ateliers, sous le monopole de la puissante corporation des artisans de la soie. Leurs métiers à tisser produisent des étoffes d'une souplesse remarquable, embellies de fils d'or et d'argent. Descendants d'ouvriers **toscans** venus s'établir au XIVe siècle, ces hommes ont trouvé à Venise le milieu «idéal» pour de bonnes affaires !
Des étoffes vénitiennes, on admire surtout les coloris, particulièrement brillants. Le mérite en revient aux teinturiers. Ils utilisent des produits orientaux; les colorants de l'époque sont extraits de racines, de graines ou d'insectes, rapportés de Grèce et de Perse. Savamment mélangés, ils don-

nent les teintes les plus variées. Les ouvriers, à l'aide de longs bâtons, brassent sans cesse les étoffes dans les cuves bouillantes; ils les colorent ainsi d'une manière tout à fait uniforme. Plus tard, ils les rinceront et les étendront pour le séchage.

Les couturiers entrent alors en scène : à eux de satisfaire les goûts capricieux des patriciennes. Combien faudra-t-il d'essayages avant de terminer une simple robe de chambre pour cette grande dame ?

Les Vénitiens aiment le luxe. Le gouvernement a voté des lois pour éviter les excès et les gaspillages. Malgré cela, à l'occasion de fêtes ou de banquets de mariage, les grandes familles ne renoncent à rien pour exposer leur écrasante richesse.

Un art renommé depuis des siècles

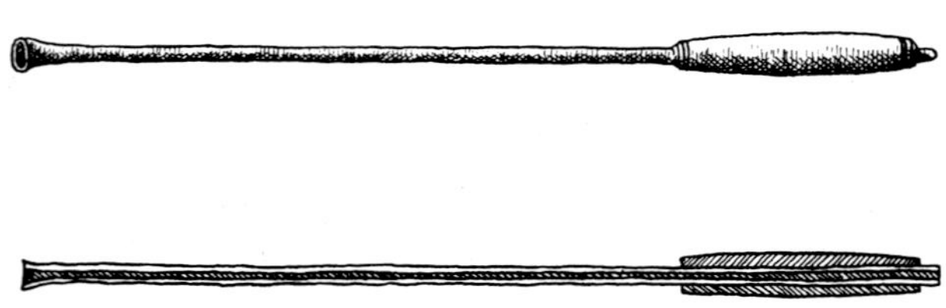

L'approvisionnement en soude de Syrie et en sable fin des fleuves est facilité par la proximité du port. L'argile, pour construire les fours, et le bois, pour les alimenter, sont à portée de main : voilà qui explique en partie la tradition du verre à Murano. Les fours rougeoyants sont concentrés sur cette île, à l'écart de la ville, afin d'éviter les risques d'incendie.

Seuls les verriers connaissent la formule secrète du mélange de sable, de chaux et de soude. Fondu à

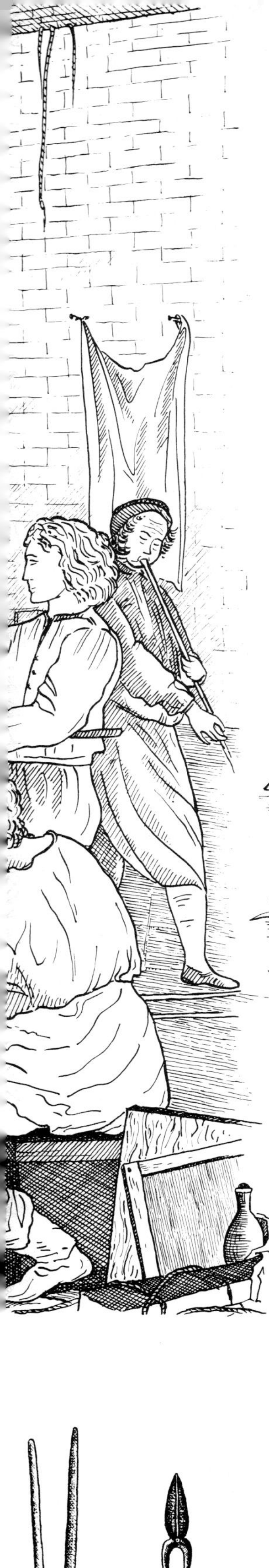

très haute température, il se transforme en pâte malléable. Coulé dans les moules ou soufflé à travers les cannes, façonné par les mains expertes des ouvriers, le verre prend toutes les formes : de la bouteille aux verres de lunettes. Il permet aussi de fabriquer de larges vitres, rares à cette époque, dont toutes les maisons vénitiennes sont pourvues. Mais ce qui fait la renommée de ces artisans, ce sont leurs coupes et leurs vases colorés, décorés d'émaux et d'imitations de pierres précieuses.

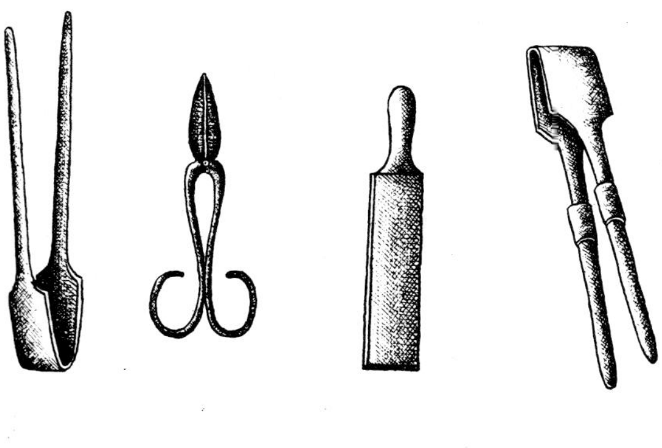

Des peintres célèbres

Dans le domaine artistique, les peintres sont à l'honneur. On leur commande de gigantesques toiles qui ornent les salles du palais des doges : elles illustrent les gloires de la Sérénissime. Monastères et corporations demandent des **retables** ou des fresques pour leurs églises. Quant aux patriciens ou aux riches prélats, ils posent devant les plus grands peintres, maîtres dans l'art du portrait.

Le campiello

Dans cette ville cosmopolite, il n'y a pas de quartiers riches ou pauvres. Toute la population se partage les **sestieri** sans distinction particulière. Le somptueux palais patricien côtoie la demeure d'un *cittadino* ou la maisonnette d'un artisan. Des fenêtres, on s'interpelle, on chantonne : les Vénitiens sont loin d'être tristes ! Ils profitent d'ailleurs de toutes les occasions pour organiser des fêtes. Régates sur le Grand Canal, batailles sur les ponts pour se pousser à l'eau, et mille autres jeux collectifs permettent aux habitants des *sestieri* de s'affronter dans la gaieté générale.

Un espace restreint

A Venise, l'espace est un luxe de patricien. De hauts édifices aux nombreux étages qui ressemblent à des ruches; des appartements étroits, bas de plafond, humides et sombres : la majorité des Vénitiens doit se contenter de petites pièces où vivent souvent ensemble deux ou trois familles.
Car les loyers sont très chers. La population ne cesse d'augmenter et on manque de place, ce qui suffit à faire monter les prix.

Autour du puits

Quand il fait beau, on passe volontiers la journée dehors. Sur le **campiello,** des femmes s'installent pour coudre et broder... et bavarder, encore et encore. Le linge sèche sur des cordes tendues aux fenêtres ou sur de simples bâtons. Les enfants peuvent jouer sans danger : ils ne risquent pas de se faire renverser par une charrette ou un cheval au galop.
Des vendeurs ambulants s'arrêtent auprès du groupe de commères : qui veut du poisson ? Une vieille dame à sa fenêtre fait charger son panier. Elle le hisse en tirant la ficelle; cela lui évite de descendre et remonter les escaliers. Mais pour remplir les seaux d'eau, il faut se rendre au puits et attendre son tour. Seuls les palais ont leur propre puits, ouvert dans leur cour intérieure.

La vie religieuse

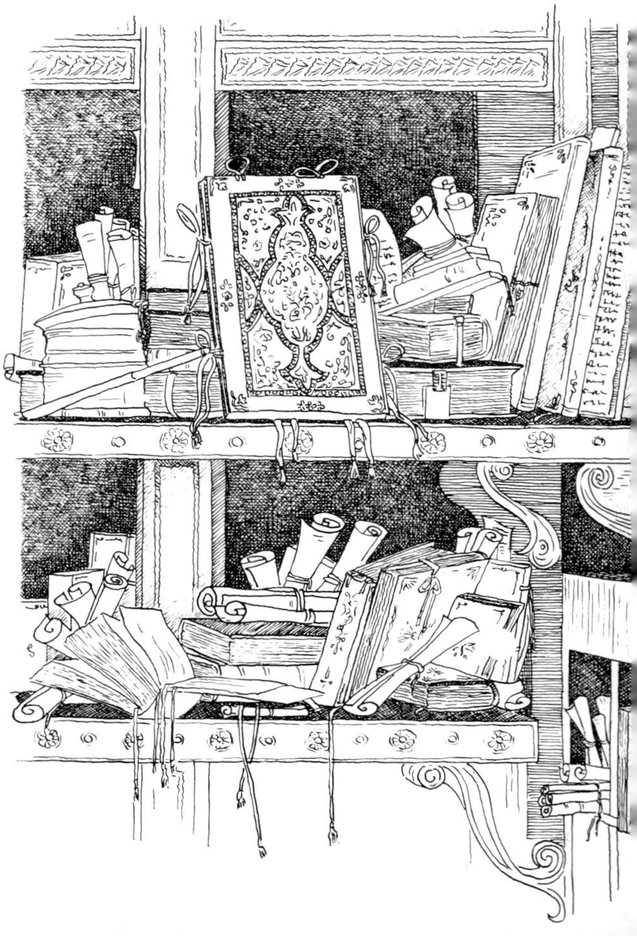

A en juger par le nombre de clochers, d'églises et de chapelles, Venise est une ville pieuse. Outre les innombrables paroisses, tous les ordres religieux y sont représentés : des plus anciens, comme les Bénédictins et les Chartreux, aux plus récents, Franciscains ou Dominicains. Grâce aux généreuses donations de grandes familles, monastères et églises se sont agrandis et enrichis au cours des siècles.

De gré ou de force

A Venise, vivent des milliers de religieux. Tous ne sont pas entrés dans les ordres de leur plein gré : à cette époque, les cadets des familles patriciennes ou les jeunes filles sans dot qui ne peuvent se marier n'ont pas d'autre choix. Obligés de prononcer leurs **vœux,** ils supportent mal cette vie à l'écart de la société et leur mécontentement trouble parfois le calme des monastères. Cependant, les vraies vocations ne manquent pas : les religieux convaincus assurent l'ordre et le respect dans la communauté.

Au cœur du monastère

Dans ce monastère bénédictin, la prière personnelle ou commune occupe une grande partie de la journée. Au cloître comme au réfectoire résonnent les chants et les **litanies.** Les moines ne sont pas pour autant dispensés de lourdes besognes. Il faut entretenir le potager, soigner les bêtes, tailler les vignes et faire les travaux de menuiserie.

Les moines se consacrent également à l'étude des textes de la Bible ou d'œuvres classiques, grecques ou latines. Ils recopient des manuscrits, restaurent les exemplaires plus anciens et abîmés, préparent l'encre, le parchemin, les reliures. Les monastères renferment d'importantes bibliothèques. Les livres magnifiquement enluminés et les parchemins rares n'ont été ni détruits, ni dispersés : les guerres et les armées dévastatrices n'ont jamais atteint la ville. Voilà pourquoi ces chefs-d'œuvre sont parvenus jusqu'à nous.

La révolte des affamés

«Du pain, du pain!», réclame une foule en colère. La farine manque depuis plusieurs mois. Tout l'hiver, les habitants ont attendu des heures devant les fours à pain. Au printemps, la situation s'aggrave : les tempêtes et la pluie détruisent les récoltes sur la terre ferme. Même en Sicile, véritable «grenier à blé», les négociants ne trouvent plus rien à acheter : c'est la famine.

Des centaines de paysans fuient les campagnes inondées et envahissent Venise. Trouveront-ils ici de quoi survivre? Poussés par la faim, ils font éclater la révolte devant le *Fontego* de la farine. Armés de bâtons, ils détruisent tout sur leur passage. Une baraque est incendiée. La foule essaie d'enfoncer la solide porte du *Fontego* pour se procurer enfin de quoi manger.

La nouvelle gagne vite le palais ducal. «Attention, voilà les *arsenalotti !*» Les gens se dispersent aussitôt. L'incendie est éteint.
Mais la menace est toujours là. D'innombrables mendiants vagabondent en ville. Ils ont faim, soif, et vivent dans un état misérable. Les conditions lamentables d'hygiène empirent avec la chaleur moite de juillet. Nombreux sont ceux qui tombent malades et meurent : la peste s'est déclarée !
Les *provveditori* à la santé publique interviennent rapidement. Ils interdisent l'entrée de la ville aux personnes arrivant d'Allemagne, d'où la peste serait venue. Pour repousser les clandestins, des barques chargées de gardes armés patrouillent dans la lagune. La cité est isolée, mais l'épidémie sème encore la mort. Il faut éloigner les malades, éviter à tout prix qu'ils contaminent leurs parents et voisins. Des équipes font le tour des *sestieri :* les demeures des pestiférés sont barricadées, leurs vêtements et leurs meubles brûlés.
Quant aux malades, ils sont enfermés dans le **lazzaretto** construit sur une île bien à l'écart. Ils n'ont guère de chances de guérir : il n'existe pas de traitement contre la peste. D'ailleurs, qui accepterait d'approcher ces malheureux, d'inciser leurs abcès et de leur donner des potions ? Les médecins comme les gens aisés se réfugient à la campagne en espérant échapper au mal.

Un conflit très coûteux

Le sultan turc a déclaré la guerre. Le Sénat se prépare au conflit. Il faut des milliers de ducats pour armer la flotte et renforcer les forteresses de la mer Égée : où trouver cet argent ? Au Grand Conseil, les patriciens sont appelés à prêter leur fortune. Les gens d'Église doivent remettre la **decima** à l'État. Quant aux habitants, ils sont écrasés d'impôts. Pourtant, cela ne suffit pas : les ambassadeurs de la République vont demander l'aide du pape et de divers souverains. Tous ensemble, ils doivent arrêter l'avancée des Turcs.

Les bannières claquent au vent, les équipages se pressent sur les ponts, les navires lèvent l'ancre. Courbés sur leurs avirons, les rameurs manœuvrent lentement les galères qui se dirigent vers l'embouchure du port. A côté du vaisseau amiral, le *Bucintoro* assiste au départ : le doge accompagne la flotte pour lui souhaiter bonne chance.

Vers une longue résistance

La lutte contre les Turcs sera longue. Les conflits dans les colonies dureront trois siècles. Mais malgré les positions perdues, la flotte vénitienne maintiendra sa supériorité dans l'Adriatique.
L'Espagne, la France, l'empire d'Allemagne et la papauté elle-même menaceront de bien plus près la Sérénissime. En 1509, les armées de la Ligue de Cambrai formée par ces puissances s'empareront de toute la *terraferma*. Pourtant, en quelques années, Venise reprendra les provinces perdues.
Seules les armées victorieuses de la France révolutionnaire, conduites par le jeune général Bonaparte, entreront triomphantes à Venise en 1797. Ainsi s'éteindra, après près d'un millénaire, la République sérénissime.

LEXIQUE

Arsenalotti : ouvriers des chantiers de l'arsenal.

Barene : bas-fonds de la lagune qui se découvrent à marée basse.

Battipalo : littéralement « ceux qui cognent sur les pieux ». Ces ouvriers sont indispensables dans les chantiers de construction, pour enfoncer les fondations dans le sol.

Bucintoro : grande galère de parade du doge. Elle est ornée d'imposantes sculptures en bois doré.

Calli : étroites ruelles entre les maisons et les palais. Les *calli* ne côtoient pas les canaux.

Campiello : voir *campo*.

Campo : place vénitienne. A Venise, il n'existe qu'une seule vraie place, celle de Saint-Marc, appelée *piazza*. *Campiello*, diminutif de *campo*, indique une petite place.

Cittadini : catégorie sociale privilégiée, intermédiaire entre les patriciens et le peuple. Les *cittadini* ont des fonctions administratives dans le gouvernement. On est *cittadino* de père en fils, à moins qu'on ne demande ce titre après avoir habité 30 ans à Venise.

Collegio : conseil composé du doge, de ses conseillers et d'autres membres du Sénat. Il reçoit les ambassadeurs étrangers et traite secrètement de nombreuses affaires d'État.

Conseil des Dix : tribunal chargé de la sécurité de l'État. Contre les complots ou autres crimes, ce conseil a des pouvoirs exceptionnels.

Constantinople : capitale de l'empire grec de Byzance (395-1453). Les Arabes, eux, l'appellent Istanbul.

Convertir : changer la monnaie d'un pays en celle d'un autre pays.

Coque : grande nef à voiles, utilisée en Méditerranée surtout pour les transports commerciaux.

Darsena : « darse », c'est-à-dire bassin. On y construit et on y répare les navires. Dans l'arsenal, il y a une *darsena vecchia*, ancienne, qui date du XIIIe siècle. La *darsena nuova*, nouvelle, est construite au XIVe siècle pour agrandir les chantiers navals.

Decima : (décime, en français) impôt que le clergé vénitien payait chaque année à l'État (environ un dixième de ses revenus).

Doge : du latin *dux*, « chef » (d'où vient le mot « duc »). Élu parmi les patriciens, il est le personnage le plus important de la République. Il a en général un certain âge quand il accède à cette fonction.

Ducat : ou *zecchino* (sequin). Monnaie d'or vénitienne, très réputée parce qu'elle a une valeur stable par rapport aux autres monnaies. Dans tout l'État vénitien, la circulation de pièces d'argent étrangères est interdite. On ne peut utiliser que les monnaies frappées dans la *Zecca* (l'hôtel des Monnaies) qui est située sur la place Saint-Marc, en face du palais ducal.

Fondamente : quais qui bordent les canaux. Les uns sont larges, comme ceux du bassin Saint-Marc, d'autres bien plus étroits, dans le cœur de la ville.

Fontego : mot vénitien (de l'arabe *fondouk;* italien : *fondaco*) qui désigne l'entrepôt. Employé aussi pour le bâtiment, l'ensemble des constructions ou le quartier d'une ville, habité par les marchands étrangers provenant d'un même pays et utilisé comme base commerciale. Le même terme désigne les entrepôts publics de blé ou de farine.

Fraterna : société commerciale qui associe les frères d'une famille patricienne. Il s'agit d'une association typiquement vénitienne.

Fresque : peinture murale exécutée sur un support de mortier frais.

Galère : nef à rames (en général trois rangées), avec deux ou trois petites voiles. C'est le meilleur bateau de guerre de la Méditerranée, très rapide et agile. La galère transporte aussi des marchandises, mais beaucoup moins que les grandes nefs à voiles.

Grand Conseil : assemblée de tous les patriciens de Venise, qui détient les pleins pouvoirs.

Lazzaretto : lieu où l'on isole les malades et les pestiférés (« lazaret », en français). A Venise, ces gens sont relégués sur une île, peu éloignée de la ville.

Lettre de change : document par lequel un banquier ordonne à son agent dans une ville lointaine de payer une somme d'argent à un client, qui lui a remis cette somme avant son départ, pour ne pas avoir à la transporter. C'est une forme particulière de « chèque ».

Levant : désigne l'est de la Méditerranée et les pays situés le long de ses côtes.

Litanie : prière dite par un récitant et dont la fin est chantée par tous les assistants.

Maître de hache : maître qui dirige les travaux des charpentiers.

Patriarche : archevêque du diocèse de Venise. Nommé par le Sénat qui contrôle de très près tous ses actes.

Patriciens : nobles de Venise. Ce sont tous des hommes descendant des familles qui composaient le Grand Conseil en 1298, à l'époque de sa *serrata* (fermeture) aux autres citoyens de Venise. A l'âge de 25 ans, ils ont le droit d'accéder au Grand Conseil.

Provveditori all'arsenale : magistrats élus par le Grand Conseil et qui gouvernent l'arsenal.

République : désigne l'État vénitien. Le terme n'a pas le même sens qu'aujourd'hui, car le pouvoir de la République vénitienne est dans les mains des patriciens et non du peuple.

Retable : panneau décoré que l'on accroche verticalement au-dessus de l'autel d'une église.

Rettore : représentant du Grand Conseil, envoyé pour gouverner une province de l'État vénitien.

Rii : petits canaux de Venise.

Sénat : conseil composé de plus de 100 personnes, élues par le Grand Conseil. Le Sénat prépare les lois principales et en contrôle l'application.

Sérénissime : On appelle souvent Venise de ce nom, qui est le superlatif de *sereno*, « serein », titre donné aux grands seigneurs (Prince ou Altesse Sérénissime).

Sestieri : équivalent des quartiers d'une ville. Venise est divisée en six *sestieri :* San Marco, Castello et Cannaregio d'un côté du Grand Canal; San Polo, Santa Croce et Dorsoduro, de l'autre côté.

Terraferma : terre ferme. Partie des territoires vénitiens situés en Italie du Nord, au-delà de la lagune.

Toscan : originaire de Toscane, région de l'Italie centrale, dont la capitale est Florence.

Vœux : promesse de vivre dans la pauvreté, la chasteté et l'obéissance, que l'on prononce en entrant en religion.

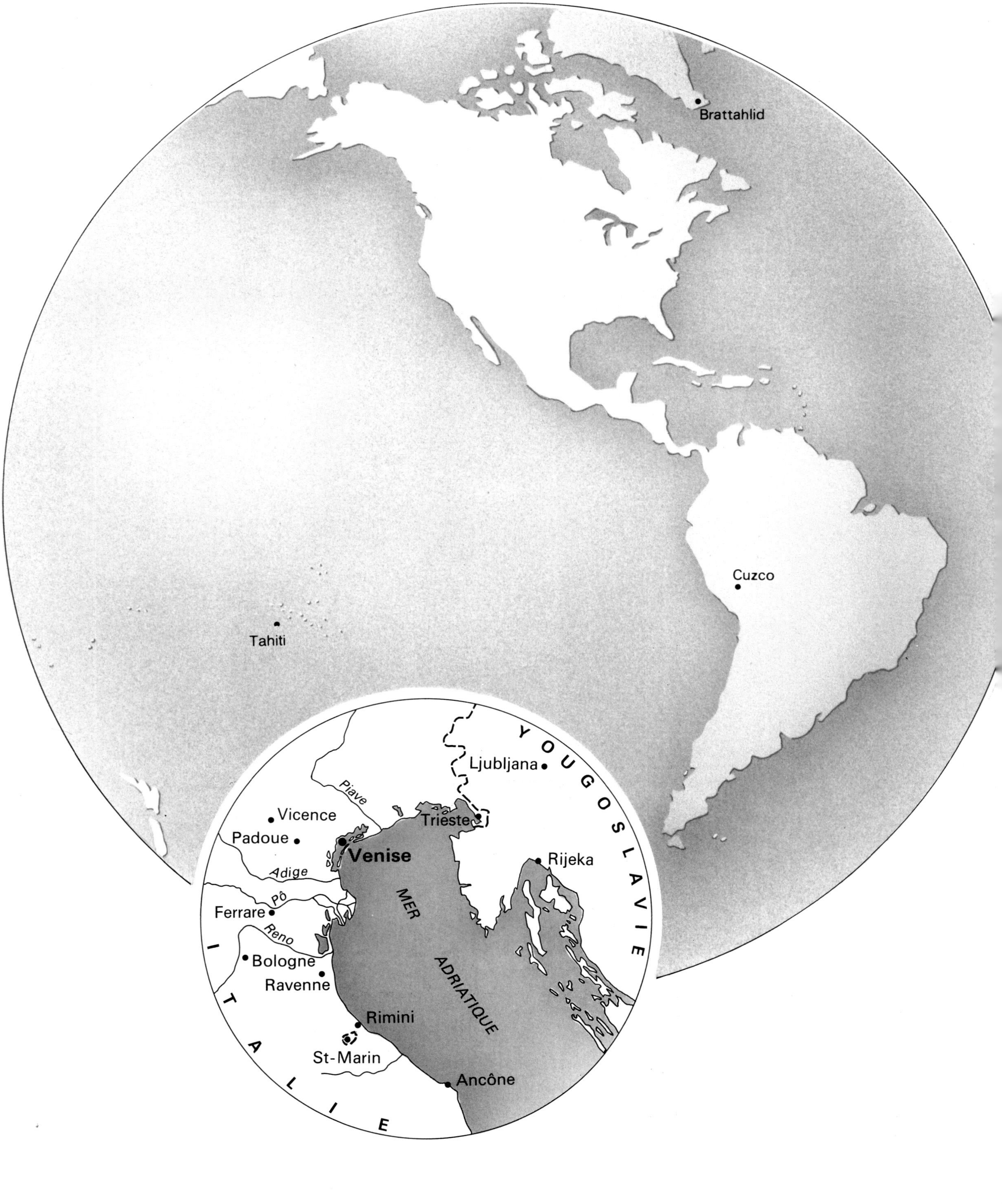
Brattahlid
Cuzco
Tahiti
YOUGOSLAVIE
Ljubljana
Piave
Vicence
Trieste
Padoue
Venise
Rijeka
Adige
MER
Pô
Ferrare
Reno
ADRIATIQUE
Bologne
Ravenne
Rimini
St-Marin
Ancône
ITALIE